行政福祉総論・講義

片居木　英人　渡邉　慎

法律情報出版

はじめに

　本書を『行政福祉総論・講義』としたのは、「行政福祉」の基調に日本国憲法、とりわけ人権論を据え、地方自治論とも関連づけて展開していこうとする意欲と姿勢を示そうとしたからです。

　もしかすると、皆さんの中には、初めから「公務員になる」という志望をもって、受講されている方もおられるかもしれません。

　しかし、改めてここで、「なぜ公務員をめざすのか」について考えてみましょう。時間が定時（9時〜17時）だから？　給与が安定しているから？　身分が安定しているから？休暇取得が確実だから？…「安定しているから」というイメージからの理由にはなっていませんか。

　実は、本当は"怖い"公務員なのです。公務員は、権限を行使して－権力をもって－国民の（住民の）権利や自由に制限を加えることができる公的組織（私たちの税金で成り立ち運営される存在）の一員であり、その職にあり、その地位にある者なのです。公務員の行った行政行為は、根本的には、法律に照らされて、その行為の合法性、正当性、適正手続性、責任の所在が、日々問われることになるのです。

　そうした公的組織への従事についての緊張感をもって、行政職としての職務に堪えられるかどうか、自己の適性を十分に分析・点検したうえで、公務員をめざすことが、強く求められるのです。

　以上のことを確認して、「行政福祉」を捉える視点や立場について明らかにしていきましょう。

　第一は、一地域住民として、です。私たちは誰もが、その地域に暮らす住民として生き、生活しています。そして必ず、生存権確保のために、各種の行政福祉サービスを利用しています。決して「行政福祉」と無関係ではありません。一地域住民として（一市民として）、「行政福祉」と密接に関わっているのです。つまり、行政福祉サービスの内容や水準、利用手続の方法（アクセスのしやすさ、情報公開等）に意識を向ける必要があるということです。

　第二は、一主権者（有権者）として、です。私たちは、一人ひとりが、国の政治（国政）に対しても地方政治に対しても、その政治のあり方を最終的に決定する力をもつ主権者です。特に18歳以上の者は、直接に政治に参画する（投票する権利を有する）有権者です。生存権のあり方を左右する「行政福祉」に

無関心というわけにはいかない憲法的地位・立場にある、といっても過言ではありません。

　第三は、地方公務員（国家公務員を含む。）を志望する者の一人として、です。先にも述べたように、公務員は、権限を行使して－権力をもって－国民（住民）の権利や自由に制限を加えることができる公的組織－私たちの税金で成り立ち運営される存在－の一員であり、その職にあり、その地位にある者なのです。行政福祉総論を通して、行政や社会福祉、地方自治に関する基本的知識の理解や倫理観を形成し、人権尊重の意識を涵養し、自分ははたして行政職に向いているかどうかの適性を見極めていく契機とする必要があります。

　皆さんそれぞれにとっての問題意識をもっていただき、それではこれから、「行政福祉総論・講義」を始めていくことにします。

目　次

はじめに

第 1 章　「行政福祉」を捉える視点－日本国憲法を基調として
1. 憲法13条「個人としての尊重、生命権・自由権・幸福追求権の最大の尊重」 ………………………………………………………………… 1
2. 憲法14条「差別の禁止＝平等権」 ………………………………… 2
3. 憲法25条「生存権とその保障における国家（自治体）責任の明確化」 2

行政の実務から① ………………………………………………………… 4

第 2 章　「行政福祉」とは何か
1. 広義としての意味 ………………………………………………… 6
2. 狭義としての意味 ………………………………………………… 6

行政の実務から② ………………………………………………………… 7

第 3 章　行政とは何か
1. 行政とは ……………………………………………………………… 9
2. 法律による行政 ……………………………………………………… 9
3. 行政権力の位置づけ（三権分立） ………………………………… 9
4. 権力とは何か ………………………………………………………… 10

行政の実務から③ ………………………………………………………… 11

第 4 章　行政権（力）の本質とは
1. 権力の行使 …………………………………………………………… 13
2. 裁量権の行使 ………………………………………………………… 13
3. 官僚制としての行政機構 …………………………………………… 13
4. 行政組織・機構のメリット、デメリット ………………………… 14
5. 公益通報者保護制度 ………………………………………………… 14

行政の実務から④ ………………………………………………………… 16

i

第5章　行政の活動

1. 規制行政 …………………………………………………………………… 18
2. 給付行政 …………………………………………………………………… 18
3. 調達行政 …………………………………………………………………… 18
4. 権力的行政作用と非権力的行政作用 …………………………………… 18
5. 公共サービスとは – 公共サービス基本法 ……………………………… 19

　行政の実務から⑤ ……………………………………………………………… 21

第6章　地方自治体とは何か

1. 地方自治の本旨とは ……………………………………………………… 23
   (1) 団体自治 ……………………………………………………………… 23
   (2) 住民自治 ……………………………………………………………… 24
2. 地方自治の捉え方 ………………………………………………………… 24
   (1) 地方自治への歴史 …………………………………………………… 24
   (2) 地方自治をめぐる学説的見解 ……………………………………… 24
   (3) 地方政府という考え方 ……………………………………………… 25

　行政の実務から⑥ ……………………………………………………………… 28

第7章　地方自治法が規定すること

1. 地方自治体の目的 ………………………………………………………… 30
2. 地方自治体の役割 ………………………………………………………… 30
3. 国と地方自治体との関係 ………………………………………………… 31
4. 地方公共団体の区分・分類 ……………………………………………… 31
   (1) 普通地方公共団体 …………………………………………………… 31
   (2) 特別地方公共団体 …………………………………………………… 32
   (3) 基礎的団体と広域的団体 …………………………………………… 32
   (4) 法人としての地方公共団体 ………………………………………… 33

　行政の実務から⑦ ……………………………………………………………… 35

第8章　地方分権一括法の意味したこと

1. その時代的背景 …………………………………………………………… 37
2. 機関委任事務の廃止 ……………………………………………………… 37

(1) 機関委任事務とは……………………………………37
  (2) 機関委任事務の廃止…………………………………38
 ❸ 法定受託事務と自治事務………………………………38
  (1) 法定受託事務…………………………………………38
  (2) 自治事務………………………………………………39
 行政の実務から⑧……………………………………………40

第9章 地方公共団体における「住民」
 ❶ 住民の意味及び権利義務………………………………42
 ❷ 住民としての「法人」…………………………………42
 ❸ 住民の権利　その1（直接選挙権）…………………42
 ❹ 住民の権利　その2（直接請求権）…………………43
  (1) レファレンダム………………………………………43
  (2) イニシアティブ………………………………………44
  (3) リコール………………………………………………44
  (4) 議会の解散請求権……………………………………44
  (5) 行財政についての監査請求権………………………44
  (6) 行財政についての情報公開…………………………45
 ❺ 住民の義務………………………………………………45
 行政の実務から⑨……………………………………………47

第10章 地方公共団体における公務員
 ❶ その役割…………………………………………………49
  (1) 市区町村の公務員……………………………………49
  (2) 都道府県の公務員……………………………………49
  (3) 国家公務員……………………………………………49
 ❷ 公務員の法的性格………………………………………50
  (1) 全体の奉仕者…………………………………………50
  (2) 公務員に求められる憲法尊重擁護義務……………50
 ❸ 公務員の職務遂行に伴う義務…………………………51
  (1) 法令及び上司の職務上の命令に従う義務…………51
  (2) 職務に専念する義務…………………………………51

（3）　身分の保有に伴う義務··51
　行政の実務から⑩··53

第11章　自治立法権
　1　地方自治体の条例・規則制定権···55
　2　地方議会による条例制定権··55
　3　自治基本条例の制定··56
　4　百条委員会とは何か··56
　行政の実務から⑪··58

第12章　自治行政権
　1　自治行政権とは···60
　2　地方自治体の長としての団体統轄及び担任事務··························60
　3　内部組織··61
　行政の実務から⑫··62

第13章　自治財政権
　1　地方自治体の財政··64
　2　地方自治体の会計··64
　3　地方財政法···65
　4　予算の原則···65
　　（1）　予算の事前決議の原則···66
　　（2）　予算公開の原則···66
　　（3）　総計予算主義の原則··67
　　（4）　予算単一主義の原則··67
　　（5）　予算統一の原則···67
　　（6）　会計年度独立の原則··67
　5　地方財政の財源と現状···68
　行政の実務から⑬··70

第14章　行政法からの「行政」の理解
　1　行政行為とは··72

iv

2 行政行為の効力・・・72
　(1) 拘束力・・72
　(2) 公定力・・73
　(3) 不可変更力・・73
　(4) 自力執行力（執行力）・・73
　(5) 不可争力（形式的確定力）・・・・・・・・・・・・・・・・・・・・・・・・・・・・・・・・・・・・・・・73
3 行政行為における行政裁量・・・74
　(1) 羈束行為・・74
　(2) 裁量行為・・74
4 瑕疵ある行政行為・・・75
　(1) 無効な行政行為・・75
　(2) 取り消しうべき行政行為・・・75
5 行政指導・・75
6 行政手続・・76
　(1) 処分・・・76
　(2) 行政指導・・・76
　(3) 届出・・・77
　(4) 命令等・・77
　行政の実務から⑭・・・78

資料　新座市自治憲章条例・・80

参考文献・・・85

おわりに・・・86

第1章　「行政福祉」を捉える視点－日本国憲法を基調として

　「人間らしく、自分らしく生きていくこと」－それぞれ個々の人間にとって、その地域で展開されていく生活についての共通の社会的基盤を整えていくことが、「行政福祉」にはつよく求められます。端的に、「人権保障」といってもいいでしょう。国民（住民）により納税される貴重な税金を活用して、国家だけではなく、地方自治体にも人権保障政策・施策を実施していく責任（立法責任・行政責任・財政責任）があるのです。

　人権保障の理念や価値を考える手がかりは、日本国憲法にあります。ここでは、特に憲法13条、14条、25条を取り上げてみることにしましょう。

❶　憲法13条「個人としての尊重、生命権・自由権・幸福追求権の最大の尊重」

>　第13条　すべて国民は、個人として尊重される。生命、自由及び幸福追求に対する国民の権利については、公共の福祉に反しない限り、立法その他の国政の上で、最大尊重を必要とする。

　まず第一に押さえたいことは、一人ひとりの人間は「個人として尊重される」ということです。憲法14条の「法の下の平等」（平等権、差別されない自由）とも深く関連しますが、高齢者だから…、障がいがあるから…、子どもだから…、国籍が違うから…、性別やセクシュアリティが違うから…などの理由によって差別的な取扱いを受けずに、一個のありのままの自分、個人、人間として大事にされるということなのです。

　また、生命に対する国民の権利（生命権）、自由に対する国民の権利（自由権）、幸福追求に対する国民の権利（幸福追求権）というように、これらの権利は、公共の福祉に反しない限り、最大現に尊重されるということです。公共の福祉とは、「他者の権利や自由を侵害しない（他者危害回避原則）」ということであり、国家的（自治体的）特権的利益や公の秩序維持を優先させることではありません。

憲法13条は、すぐれて理念的であるかもしれません。でもしかし、生命・人格のある一個の人間として－個人として－、国民（住民）を捉え、その人の生命権、自由権、幸福追求権を保障していくことに限りなく焦点化させていく取組にこそ、究極的な行政福祉の目的及び役割がある、といっていいと考えます。

2 憲法14条「差別の禁止＝平等権」

憲法14条1項は「法の下の平等」として、以下のように規定します。

第14条　すべて国民は、法の下に平等であつて、人種、信条、性別、社会的身分又は門地により、政治的、経済的又は社会的関係において、差別されない。

「個人としての尊重、生命権・自由権・幸福追求権の最大の尊重」を定めた13条の次に、「法の下の平等」（差別の禁止、平等権）の条項が置かれている点が注目されます。確かに13条の「生命権、自由権、幸福追求権の最大の尊重」ですが、このときに「差別的取扱いを受けることがない」という条件もあわせて保障されないと、一人ひとりの個人にとっての人権の価値や質に差がつけられ、選別されるということにもなりかねません。ですから、14条1項が重要なのです。「すべて国民は」（主部）、…社会的関係において、「差別されない」（述部）なのです。

差別の禁止や平等権については、憲法14条1項を基本に、24条に「家庭生活における個人の尊厳と両性の本質的平等」が規定されています。家庭生活における両性の本質的平等に関しては、近時、男女（夫婦）という配偶者間だけではなく、同性婚、多様な性のあり方（LGBTQ＋）の共生という平等関係も当然に含まれるべきものと考えられるようになってきています。

3 憲法25条「生存権とその保障における国家（自治体）責任の明確化」

第25条　すべて国民は、健康で文化的な最低限度の生活を営む権利を有する。

② 国は、すべての生活部面について、社会福祉、社会保障及び公衆衛生の向上及び増進に努めなければならない。

　憲法25条は、国民（住民）の生存権（健康で文化的な最低限度の生活を営む権利）を、社会的に共通の生活領域に貫通させて、国（及び地方自治体）がその保障を行っていかなければならないとする政策実施義務を意味しています。社会保障・社会福祉・公衆衛生（広い意味での環境政策－再生可能エネルギー政策の推進－も含めて）という領域において、人権実現をめざしていく責務があるということなのです。

　生存権は今日、「人間の安全保障」「共生」「多様性の尊重」というキーワードと深く結びついているといえます。

　つまり、「人権視点からの行政福祉」とは、権力としての上からの「社会的弱者の保護・救済」という相手をかわいそうとする見方や恩恵的な視点からではなく、また惰民観（だみんかん：自らの生き方の「なまけ」のせいで貧しくなるとする捉え方）と日々において格闘しながら、その人の生存権を保障し、擁護していく取組なのです。

　そうした取組の中で、公助の役割を第一として、共助、自助をどのように考えるのか、そしてそれらをどのように組み合わせていくことが望ましいのかという難しい課題に、行政福祉は立ち向かっていく必要があるのです。

行政の実務から①

　本コラムは、私が地方公務員として行政実務から得た知識や経験を、地方公務員（国家公務員を含む。）を志望する方に、伝えることを目的としています。

　第 1 章は、日本国憲法について論じています。私は、憲法15条 2 項「すべて公務員は、全体の奉仕者であつて、一部の奉仕者ではない。」が、公務員として仕事をするにあたり、根幹に据えておくべきことであると考えています。この規定を受け、国家公務員法（1947（昭和22）年法律120号）96条 1 項及び地方公務員法（1950（昭和25）年法律261号）30条では、「すべて職員は、国民全体の奉仕者として、公共の利益のために勤務し、且つ、職務の遂行に当つては、全力を挙げてこれに専念しなければならない。」と明記しています。職業としての公務員の特殊性は、この条文に示されていると思います。

　大きく 2 つの視点があります。前段の「国民全体の奉仕者として、公共の利益のために勤務」するとは、どのように捉えればよいでしょうか。私は、「全体」の奉仕者であるためには、「一部」の奉仕者であってはならないと考えています。皆さんは、ゼミやアルバイト先などで、一部の声の大きい又は話がうまい方の意見が、組織全体の意見となったという経験はないでしょうか。そのこと自体が悪いとは断言できません。しかし、公務員として、精査しなければならないことは、その一部の意見が、「公共の利益」に資するのか、ということです。その道筋は、簡単でなく、広く住民や専門家、関係団体などの意見を聞き、議論を重ね、何が全体の利益であるかを導き出すという、地道な工程を踏むことが重要だと思っています。その中では、住民間や団体間、時に専門家の間で利害が衝突する場合が多々あります。公務員は双方の主張の相違点ではなく、一致点を見出し、共有し、共感を得られるよう、あらゆる機会や手段を通じて、調整を行います。地道に、こうした過程を踏むことこそが、「公共の利益」の実現に向けた、唯一の方法であると思いながら、日々の仕事をしています。

　次に、後段の「職務の遂行に当つては、全力を挙げてこれに専念しなければならない。」という規定です。公務員は一生懸命に仕事しなさい。当たり前のことを、わざわざ法律に規定しています。このことは、どう捉えればよいでしょうか。私は、本編にあるように、公務員は、国民（住民）から納税される貴重な税金を活用して、人権保障政策・施策を実施していく責任があるのだから、あえて法律に規定するし、守れなかったら罰（処分）があるよ、という主旨であると思っています。

　住民の方が、公務員を見る目は時に厳しいものがあります。一方、評価していただくことも多くあります。苦労して、実現に至った後、しばらくたってから、当時、行政のやり方に反対していた方から、ねぎらいと感謝の言葉をいただく際は、公務員という道を選んでよかった、と心から思える瞬間です。

　更に詳細な公務員としての実務については、「第10章　地方公共団体におけ

公務員」で、お示しします。

　最後に、憲法25条と行政実務についてです。皆さんは、生活保護法（1950（昭和25）年法律144号）をご存知でしょうか。生活保護法１条（この法律の目的）は、次のように規定されています。「この法律は、日本国憲法第25条に規定する理念に基き、国が生活に困窮するすべての国民に対し、その困窮の程度に応じ、必要な保護を行い、その最低限度の生活を保障するとともに、その自立を助長することを目的とする。」

　生活保護法は、個別法として、憲法に直接立脚した、大変珍しく、かつ重要な法律です。この目的を果たすべく、地方公共団体（主に市区町村）には、福祉事務所を設置し、現業員（ケースワーカー）や査察指導員を配置しています。現業員や査察指導員は、地方自治体の職員が担っています。近年、福祉の専門職、いわゆる福祉職が配置されることも多くなりましたが、総合職、いわゆる事務職の職員も多く配置されています。

　職員は、生活保護法の目的である、自立の助長と最低限度の生活の保障の両立に向け、日々、個々の生活保護受給世帯に向き合っています。時に、自分の父母・祖父母ほどの年齢の方に対しても、必要な助言や指導を行っています。

　特に、自立の助長は、重要で困難なテーマです。高齢者・障害者・ひとり親世帯など個々の状況によって、めざす自立の姿は異なります。そこに向け、当事者の意欲を喚起し、地域の社会資源の協力をいただきながら、粘り強く取り組んでいます。

　皆さんも、機会がありましたら、福祉事務所に勤務している卒業生に聞き取りするなど、現場の実態を把握してみてはどうでしょうか。行政実務の一端を垣間見ることができると思います。

第2章 「行政福祉」とは何か

　行政福祉には、広義(広い意味)と、狭義(狭い意味)があるといっていいでしょう。

1　広義としての意味

　広義としては、広く行政サービスのあらゆる分野に関して、行政と住民が福祉の視点（生存権の視点）から総点検を行い、住宅、教育、労働などの領域に関連づけながら、政策や施策の創意工夫や改善を通じて誰もが個人として尊重され、共に生きることのできる社会（人権尊重社会・地域共生社会）づくりを推進していく、という意味があります。

　行政には、第一に税金を活用して福祉ニーズをもつ人（家族）に対して必要な給付を行い、地域にある社会資源とも連携・協力しながら、そのニーズをもつ人（家族）の「自立支援」をめざし、活動していくという人権保障の役割と責任があります。行政福祉というときにはこの公的責任の意味を中心にして、理解していく必要があります。

2　狭義としての意味

　狭義としては、行政の「福祉職」（公務員）として、福祉事務所、児童相談所、保健所、病院、児童福祉施設や障害者支援施設等の公的機関や施設における相談援助（ソーシャルワーク）の展開、福祉サービス利用者の自立・社会参加の支援、福祉政策・施策の企画立案等の業務担当という職域や職務を意味します。

　地方自治体の担当課など（福祉相談課、生活援護課、障害福祉課、長寿はつらつ課など）、児童相談所、保健所、児童自立支援施設、障害児入所施設、児童発達支援センター、障害者支援施設、精神保健福祉センター、公立病院などで勤務することになります。

　国家公務員の場合は、例えば、保護観察官は法務省管轄の機関や施設において勤務します。

行政の実務から②

　第2章は、「行政福祉」を広義・狭義の視点で論じています。まずは、「広義」の行政福祉についてです。

　憲法の前文には、「そもそも国政は、国民の厳粛な信託によるものであつて、その権威は国民に由来し、その権力は国民の代表者がこれを行使し、その福利は国民がこれを享受する。」と示されています。行政は、国民の代表者が決定した法律などの範囲内で、政令・省令などを策定し、福利を国民に行き届かせることが求められています。

　都道府県や市区町村などの地方公共団体については、地方自治法（1947（昭和22）年法律67号）1条の2において、「地方公共団体は、住民の福祉の増進を図ることを基本として、地域における行政を自主的かつ総合的に実施する役割を広く担うものとする。」と規定されています。地方公共団体が担う、地域における行政は、子ども・子育て、高齢者、障害者、生活困窮者などのいわゆる福祉部門だけでなく、まちづくり、産業経済、保健などのあらゆる分野において、住民の福祉の増進を図る必要があります。

　一方で、住民福祉の増進は、国や都道府県、市区町村などの行政機関だけで実施できるものなのか。その答えは「否」です。現在、あらゆる行政分野の課題は、複雑化・複合化しています。各分野に精通した民間事業者が、専門性の高い取組を実践しています。法制度の隙間に陥る方々を支援するため、NPO法人や任意団体が、独自の取組を地域内で展開しています。町会・自治会・商店会などの団体も、各地域の実情に応じた活動を行っています。行政職員は、地域の課題を把握するため、団体や事業者の方々から意見を伺います。必要に応じて、活動費用を助成するなどして、団体や事業者の活動の活性化と持続可能性を高めるとともに、緊密に連携し、質の高い取組を行っています。

　今後、行政に対する支援ニーズが高まる中、こうした官民連携による住民福祉の向上は、行政のあらゆる分野で更に推進していくべきと考えています。

　次に、「狭義」の行政福祉についてです。一般的には、子ども・子育て、高齢者、障害者、生活困窮・生活保護、地域福祉といった福祉分野に加え、保健・医療なども対象になってきます。私は、地方公務員の福祉職として、福祉事務所や障害者支援施設に加え、本庁で生活困窮者・生活保護施策の企画立案などの業務に携わりました。行政福祉を学ぶ方々の中には、公務員をめざす方も多くおられると思います。狭義の行政福祉では、専門職を活用することが多くなっています。特に、子ども・子育て部門では、児童相談所の設置が市区町村でも可能となったことに伴い、児童相談に関する専門職を必要とする地方公共団体も増えてきています。各地方自治体は、福祉職の募集にあたり、「社会福祉士」や「保育士」などの資格要件を設けています。一方で、配置先となる福祉事務所や本庁の仕事は、

福祉職でなければできないというものではありません。総合職（事務職）とともに住民福祉の向上に努めなければなりません。その際必要となることは、事務処理力です。福祉職である以前に、行政職員として会計事務・契約事務・予算決算事務などに対応していくことが求められます。学生時代に、社会福祉や社会保障などを専門的に勉強してきた方が多いと思いますが、事務処理力を高めるためには、行政法・地方公務員法・地方自治法などについても理解しておく必要があります。

　私は、福祉職の強みは、「福祉行政に関わりたい」「対象者に寄り添った支援をしたい」という熱意や意欲だと思います。こうした強みを、個別支援を超えて、福祉施策に反映させるためには、事務スキルや説明力を習得する必要があります。特に説明は重要です。総合職（事務職）と一緒に仕事する、と先述しました。福祉分野の勤務は初めて、という上司や先輩と仕事をする機会も珍しくありません。福祉を知らない職員に福祉を知ってもらうためには、どうすれば良いでしょうか。専門用語を多用し、熱意を持って語りかけても、肝心の内容が伝わらず、再説明を求められたり、否定されたりすることもあります。平易な言葉、シンプルな論理構成で説明することが、理解を得られる近道になります。仕事を積み重ねる中でこうした技術を習得できれば、「福祉職」を超えた「行政福祉職」となれると思います。皆さんが、公務員として何を実現したいか、これを機会にしっかり向き合うことをお勧めします。

第3章　行政とは何か

1　行政とは

　行政とは、法律に基づいて政策を実行する「公的組織活動」をいいます（国家行政、地方行政）。公的組織活動とは、私たちの税金で成り立ち運営される存在ということを意味します。
　国家行政に権力（統治権〔指揮命令権〕）が集中していることを「中央集権」、中央の行政権力を地方自治体に部分的に、あるいは全面的に移管することを「地方分権」といいます。中央集権と地方分権は〈対義語〉の関係にあります。
　地方自治を推進していくためには、なお一層の地方分権がぜひとも欠かせません。この潮流を「自治体の自己決定権保障」と表現することもあります。

2　法律による行政

　法律による行政とは、「行政は法律に基づき、そして法律に違反してはならない」という原理です。近代国家・現代国家を通じて、法治国家として貫かれるべき行政法の分野における最も基本的な原理です。これについては重要なので、後述します。

3　行政権力の位置づけ（三権分立）

　日本国憲法は、国家権力を三つに分立させ、それぞれ権力を、制度的に均衡と抑制（チェック・アンド・バランス）の緊張関係に置きます。これを三権分立といいます。
　立法権力（法律を制定する権力）、行政権力（法律に基づいて政策を実行する権力）、司法権力（具体的な事件について憲法や法律を適用して裁決する権力）です。立法権力は国会が、行政権力は内閣が、司法権力は裁判所が担当しています。

行政権力については、中央の内閣だけではなく、地方自治体も自ら有しており、これを自治行政権（力）といいます。

4 権力とは何か

国家権力（自治体権力も含めて）とは、端的にいうと国家（地方自治体）が現体制の秩序を維持し、公共の利益を確保するために、国民（住民）を従わせる強制力です。国家権力としては、治安警察権力、収監権力、刑罰執行権力、軍事遂行権力を、自治体権力としては徴税権力を主なものとして挙げることができるでしょう。もちろん徴税権力は国家権力としても必要不可欠なものです。

大日本帝国憲法の下では、徴用権力（国家が戦時などに国民を強制的に動員して、戦争遂行のために必要な仕事に就労させる権力、又は物品を強制的に供出させる権力のこと）や徴兵権力（国家が国民に対して兵士として働くよう、兵役の義務を課すことのできる権力）も認められていました。

国民主権・基本的人権の尊重・平和主義という三大原則を有する日本国憲法においては、もちろん徴用権力も徴兵権力も明確に否定されるものです。

なお現在も、国民（住民）また主権者・有権者として、絶えず十分に警戒し、監視が必要なことは「権力の腐敗」－贈収賄、忖度、文書廃棄・改ざん、虚偽答弁など－という本質です。19世紀のイギリスの思想家であり歴史家でもあるジョン・アクトンは、「権力は腐敗する傾向を持ち、絶対的権力は絶対的に腐敗する」と喝破しています。

だからこそ、権力の一極集中、長期間権力を握ることによる既得権益や利権を防御する制度や仕組みが重要なのです。

行政の実務から③

　「中央集権」と「地方分権」について考察する際、1999 年 7 月に制定された「地方分権の推進を図るための関係法律の整備等に関する法律」(1999 (平成 11) 年法律 135 号) いわゆる、地方分権一括法が、大きなターニングポイントです。
　同法の施行により、地方公共団体の自主性や権限が高まり、地域特性に応じた施策を展開できるようになりました。福祉分野における特徴的 (象徴的) な出来事が、介護保険法 (1997 (平成 9) 年法律 123 号) です。市区町村は、保険者として介護保険料の徴収など制度の運営、更には、介護保険料の決定を行います。各市区町村の財政状況や介護サービスの整備状況などに応じて保険料が異なっており、3 年に 1 回見直される際には、新聞やニュースなどでも大きく取り上げられます。市区町村は、持続可能性のある保険制度運営と介護サービスの向上に対し、大きな責任を負っています。
　介護保険に限らず、地方公共団体の職員は、住民ニーズに適切に対応する施策とはなにかを常に念頭において仕事を進めていくことが求められます。そのためには、現状把握と課題認識の徹底が不可欠です。さまざまな立場の方から幅広く意見を聞くだけでなく、自分で地域内に足を運び、五感で現状を把握することにより、解決すべき問題 (課題) は何かが分かってきます。問題に対する適切な対策を打ち出すことで、地域特性に応じた施策が浸透していくことになります。こうした取組を継続する中で、当然ながら、各地方公共団体間では住民サービスに差異が生じます。その結果、地方公共団体とりわけ市区町村職員は、「A 市では△円支給されるのに、なぜうちの市 (区) は×円なのだ。A 市の額まで上げるべきだ。」「B 区で実施している〇〇事業はとても良い取組だから、うちの市 (区) でも実施すべきだ。」などの意見・要望を寄せられることになります。それら意見や要望が、自分が属する市区町村の課題に適切に対応できるものであれば、それを踏まえた新たな事業や施策を企画立案することになります。
　一方で、財源の問題や地域ニーズとのミスマッチなどの理由から、これら住民の声に応えられないことも多々あります。「なぜやるか」よりも「なぜやらないか」を説明するほうが難しい場合が多いものです。その際には、前述した五感を活かした現状把握と課題分析をどれだけ深掘りしたかが重要となってきます。こうしたことは、学問においても共通するのではないかと考えています。すなわち、常に自己を客観視し、「なぜ」「どうして」という想いを持ち、教室の講義だけでなく、現場を体験し、友人や先輩、先生と積極的に意見交換をして学びを深めることができれば、充実した学生生活につながるのではないかと思っています。
　地方分権に関連して、地方公共団体について論じます。地方公共団体には、さまざまな種類があります。皆さんに馴染み深いものは「都道府県」と「市区町村 (区は東京 23 区)」ではないでしょうか。行政福祉総論を受講する方の中には、地方

公務員をめざす方も多いと思います。その際、まず、都道府県か市区町村か選択する必要があります（試験日によっては、両方受験する方もいると思いますが）。事務職にせよ、福祉職などの専門職にせよ、各行政分野では、関連法令に基づいて都道府県と市区町村で果たすべき役割が異なり、仕事内容も違います。例えば、福祉分野においては、児童福祉分野と高齢・介護分野では各業務における都道府県と市区町村との役割分担が少々異なります。最近、児童福祉分野においては、本来都道府県や指定都市が設置する児童相談所を市や区が設置できるようになったため、児童相談所を設置する、又は設置をめざす市や区が増えてきました。皆さんがやりたい仕事は何なのか。その仕事は、都道府県・市区町村のどちらの役割なのか（場合によっては国の役割かもしれません）。最新の法制度や各地方公共団体の動向を踏まえ、受験する地方自治体を選択することをお勧めします。

　地方分権は全国的な潮流であり、今後更に進んでいくことになるでしょう。その中で、地方公務員一人ひとりが、住民サービス向上に向けて工夫を凝らして仕事を進めていく必要があります。自治体の独自性と自治体間の共通性をどのように両立していくのか、大きな行政テーマだと思っています。

第4章　行政権(力)の本質とは

1　権力の行使

　行政権（力）の本質は、もちろん法律に基づくことを要件としますが、対象とする者の有する権利や自由に対して制限を加えることのできる強制力を実際に行使する、というところにあります。「公権力の行使」ともいいます。

2　裁量権の行使

　「法律による行政」が行政の基本原理ではありますが、法律には「文言解釈」という作業が必然的に伴います。行政が「法律が許すであろうという解釈」をもって、その範囲内で実際に判断し、決定し、処理する伸縮的な権限を「裁量権」といいます。
　行政行為（行政処分…後述します）に関して、その裁量権の逸脱や濫用が、常に論点となり、また争点ともなります。
　逸脱（いつだつ）とは、規定された基準や手続きからかけ離れることで、権限の範囲を超えている方法や状態のことをいいます。
　濫用（らんよう）とは、権限をみだりに用いること（本来の目的とは異なることに用いること）で、その権限行使が妥当ではない方法や状態のことをいいます。

3　官僚制としての行政機構

　行政権の原則について、官僚制という視点からみてみることにしましょう。官僚制とは行政組織やその仕組み、実際の運用の方法を意味し、行政機構ともいいます。
　１．権限の原則…規則と指揮命令系統に基づく組織
　２．階層の原則…上下関係が明確化している階層制

3．文書主義の原則…文書（電子文書を含む。）による事務処理
4．専門性の原則…専門的知識や技術を備えた専門職員の任用

4 行政組織・機構のメリット、デメリット

行政組織・機構のメリット、デメリットについてはどうでしょうか。箇条書ではありますが、簡単に整理してみましょう。

〈メリット〉
・連続した、安定的なサービスを提供することが可能
・各分野における専門性が高い
・問題が生じた際の、責任の所在が明確である

〈デメリット〉
・セクショナリズムの弊害
　→割拠主義ともいわれ、各部署同士間の協力・連携が不十分になりがちで、自分たち部署の利益（業績）のみを優先する傾向を生み出す
　→組織の中でセクションリズムが蔓延すると、「旧来通り」との慣行や慣習が支配することになり、それぞれのモチベーションが低下したり、公共目的の達成が阻まれたり、ときに、不祥事や社会問題につながることもある
・国民（住民）に対して、行政サービス利用時などに煩雑な手続きを求める対応になりやすい（いくつもの行政窓口を経由しないと本題に入ることができないなど）
・サービスが画一的になりがちで、個別のケースへの柔軟な対応が困難となりやすい

5 公益通報者保護制度

内部告発は、本来情報漏えい・誹謗中傷として守秘義務・誠実義務違反に当たり、雇用関係にある組織秩序への違反として懲戒の対象になります。しかし、内部、他の従業員や経営者、企業、行政組織等で行われている法令違反などの不正を明らかにするために（公益のために）、内部の人間が勇気をもって－報復人事や解雇ということも想定される－、上司や外部の監督庁、

報道機関などに通報するという行為は、正当性と合法性をもって認められる必要があります。

公益通報者保護制度は、公益通報者保護法（2004（平成16）年法律122号）を根拠とし、内部告発を行った労働者（公益通報を行った本人）を保護しようとするものです。公益の観点から、法令違反行為として通報した組織内部の労働者の解雇等不利益取扱いを禁じています。

【公益通報者保護法】
（目的）
第1条 この法律は、公益通報をしたことを理由とする公益通報者の解雇の無効及び不利益な取扱いの禁止等並びに公益通報に関し事業者及び行政機関がとるべき措置等を定めることにより、公益通報者の保護を図るとともに、国民の生命、身体、財産その他の利益の保護に関わる法令の規定の遵守を図り、もって国民生活の安定及び社会経済の健全な発展に資することを目的とする。

行政の実務から④

　まず、権力・裁量権の行使についてです。
　日本は、三権分立の下統治されている国家です。行政は、立法府が策定した法の範囲内で権限（権力）を行使することができます。行政権とは、限られた権限といえます。一方、行政は大きな権限（権力）を有していると考える方も多いのではないでしょうか。親子分離措置や病院や施設への措置入所・入院など、行政には、命の危険など緊急性がある場合、法令に基づいて地域住民の生活に介入することができます。本来立ち入ることができない範囲に介入することになるため、権力の行使に向けては、明確な根拠と慎重な判断が必要となります。
　法律を読むと実感できることですが、規定している内容は、理念的・総論的であることが多いです。行政は、法が示す内容を超えない範囲で、日常生活のあらゆる場面に対応する具体的な方策を判断し、決定します。裁量の範囲を超えた判断は、違法なものとして、国や都道府県に対する審査請求や地方裁判所などへの訴訟となる事案もあります。生活保護制度に関する訴訟は、新聞やニュースでも報道される機会が多くあります。
　現在、国が平成25年度から27年度にかけて段階的に改定した生活保護基準について、改定に伴う減額処分の取消しを求める訴訟が全国的に提起されています。各地方裁判所及び高等裁判所の判断は分かれていますが、処分を取り消す判決においては、国の判断について、裁量権の逸脱、濫用があるとしています。司法が、行政が行った処分を違法と判断した場合、処分は取り消されるとともに、賠償を求められるケースもあります。このことは、当事者だけでなく、住民全体の信用失墜を招きかねない事態となります。繰り返しになりますが、権力の行使に向けては、明確な根拠と慎重な判断が必要です。
　次に、行政組織・機構についてです。
　行政（役所）の組織・機構について、皆さんは、どのようなイメージを持っていますか。縦割り、先例踏襲、たらい回し等、あまり良い印象がないかもしれません。元来、官僚制は、「まちづくり」から「福祉・教育」に至るまで、幅広い分野を担う行政機関などの大規模組織を効果的に運用する仕組みでした。地方行政機関だけでなく、国家や企業などにも積極的に用いられ、近代資本主義の発展に大きく寄与した組織形態です。その後、中央集権から地方分権、少子高齢化や核家族化の進展などに伴い、行政ニーズが、画一的な対応から個々の状況に応じたきめ細かな対応に移行してきました。現在では、制度のはざまにあるニーズや、既存のサービスでは対応できないニーズへの迅速かつ適切な対応をいかに行うかが、大きな行政課題となっています。
　福祉分野においても、従来の子ども・子育て、高齢、障害、生活保護・生活困窮といった既存の法制度だけでは必要な支援が行き届かない世帯に、どのように

対応するかが近年の重要なテーマです。引きこもりや8050問題（はちまる・ごーまるもんだい）など複合的な課題を抱えた世帯は、地域でのつながりが希薄化する中、コロナ禍での外出抑制などの影響も重なって社会的な孤立が顕在化し、事態が深刻化しています。

　こうした話題になると、全ての相談や悩みを一元的に受け止めて、支援する窓口や支援員の設置が求められます。確かに、理想的な取組かもしれませんが、あらゆる分野に精通する人材を確保育成し続けることが可能なのでしょうか。特に、近年の行政では、どの分野においても高い専門性が求められます。知識を習得するだけでなく、実務経験を積み、関連する事業者などと関係性を築くことも不可欠です。とても一個人・一組織だけで対応できる内容ではないと思います。常に、自身の職務や職責を超えて問題の全体像を捉え、適切な役割分担の下、他の機関と情報共有・連携して仕事を進める。官僚制という組織の弊害を打破するためには、新たな組織の仕組みを構築するより、職員一人ひとりの、仕事に対する熱意や周囲を巻き込む行動力を育むことこそが必要なのではないか、と考えています。

第5章　行政の活動

　行政の活動とは、国家や地方自治体が公のものとして業務を行う一連の活動のことです。
　大きく、「規制行政」「給付行政」及び「調達行政」に区分することができるでしょう。

1　規制行政

　国民（住民）の権利や自由を制限し、国民（住民）に義務を課すことによって公共の目的を実現しようとする行政活動です。例えば、警察行政などです。

2　給付行政

　国民（住民）の生存にとって不可欠な現物、あるいは現金を支給する行政活動です。例えば、ガス・水道の供給、生活保護費の給付、年金の支給などです。

3　調達行政

　公共の目的を実現させるために必要な、又は関連する物やサービスを外部から購入・確保し、使用できるように供給・管理する行政活動です。例えば、税金の徴収、宝クジの販売（収益金の活用）などです。

4　権力的行政作用と非権力的行政作用

　行政の活動は、「権力的行政作用」と「非権力的行政作用」というように分類することもできます。
　「権力的行政作用」とは、行政が国民（住民）に対して、一方的に権利－義務の関係を形成する－変更や廃止も含む－行為や、一方的に国民（住民）

の身体や財産に対して強制力を行使する行為をいいます。つまり、「公権力の行使」としての行為です。

「非権力的行政作用」とは、契約のように、行政が相手方と対等の立場から法律関係を形成するもので、もしも裁判になったときには、民事訴訟の中で紛争が解決される行為−非権力的な行為−のことをいいます。例えば、行政による情報提供、公共施設の物理的管理、相手方の同意を得た調査や情報収集などがあります。

5 公共サービスとは−公共サービス基本法

公共サービスとは、国民（住民）が社会生活を営むうえで欠かせない、必要不可欠なサービスのことです。民間の部門では、このようなサービスを提供したり維持したりすることは困難です。そこで、公共サービスの提供・維持は国や地方公共団体の役割とされるのです。国や地方公共団体が国民や住民から税金を徴収し、それを活用するかたちで運営されます。

公共サービスは、「公共財」とも呼ばれ、「非競合性」・「非排除性」という特質を有します。非競合性は、不特定多数の人が同時に利用できるというもので、誰でも利用できる財ということです。非排除性は、誰かがその財を消費しても他の誰かが消費できる量は減らないというもので、特定の人が使えないようにすることが困難な財のことです。

国や地方公共団体などの「行政の活動」（公共サービス）は、役所での窓口業務、図書館や公民館、スポーツ施設等の運営、道路の維持管理、治水、水道事業、下水道事業、ごみ収集、ハローワークにおける職業紹介、学校等の教育業務、医療・介護・子育て、消防、警察など、実に多種にわたりまた多様です。

公共サービスに関しては、公共サービス基本法という法律があります（2009（平成21）年法律40号。5月公布、同年7月施行）。同法の目的、定義、基本理念を紹介しておきましょう。

【公共サービス基本法】
（目的）
第1条 この法律は、公共サービスが国民生活の基盤となるものであるこ

とにかんがみ、公共サービスに関し、基本理念を定め、及び国等の責務を明らかにするとともに、公共サービスに関する施策の基本となる事項を定めることにより、公共サービスに関する施策を推進し、もって国民が安心して暮らすことのできる社会の実現に寄与することを目的とする。
（定義）
第2条 この法律において「公共サービス」とは、次に掲げる行為であって、国民が日常生活及び社会生活を円滑に営むために必要な基本的な需要を満たすものをいう。
一 国（独立行政法人（独立行政法人通則法（平成11年法律第103号）第2条第1項に規定する独立行政法人をいう。）を含む。第11条を除き、以下同じ。）又は地方公共団体（地方独立行政法人（地方独立行政法人法（平成15年法律第118号）第2条第1項に規定する地方独立行政法人をいう。）を含む。第11条を除き、以下同じ。）の事務又は事業であって、特定の者に対して行われる金銭その他の物の給付又は役務の提供
二 前号に掲げるもののほか、国又は地方公共団体が行う規制、監督、助成、広報、公共施設の整備その他の公共の利益の増進に資する行為
（基本理念）
第3条 公共サービスの実施並びに公共サービスに関する施策の策定及び実施（以下「公共サービスの実施等」という。）は、次に掲げる事項が公共サービスに関する国民の権利であることが尊重され、国民が健全な生活環境の中で日常生活及び社会生活を円滑に営むことができるようにすることを基本として、行われなければならない。
一 安全かつ良質な公共サービスが、確実、効率的かつ適正に実施されること。
二 社会経済情勢の変化に伴い多様化する国民の需要に的確に対応するものであること。
三 公共サービスについて国民の自主的かつ合理的な選択の機会が確保されること。
四 公共サービスに関する必要な情報及び学習の機会が国民に提供されるとともに、国民の意見が公共サービスの実施等に反映されること。
五 公共サービスの実施により苦情又は紛争が生じた場合には、適切かつ迅速に処理され、又は解決されること。

行政の実務から⑤

　行政の活動について、本編では、規制・給付・調達に区分して論じられています。そして、ここでは主に「給付行政」について論じます。

　本編にあるとおり、住民の生存にとって不可欠な現物や現金を支給する事業であるため、給付水準や給付対象は適正なのか、常に議論となります。近年のコロナ禍や物価上昇の中、国をはじめ各地方自治体は、さまざまな給付を断続的に実施しています。対象は、住民税非課税世帯や収入や資産が生活保護水準にある世帯など、低所得世帯としているものが多いです。加えて、コロナ禍では社会福祉協議会が実施主体である生活福祉資金特例貸付（厳密にいえば給付ではありませんが）など、さまざまな支援策が速やかに実施されました。こうした支援は、コロナ禍や物価上昇の影響を大きく受ける生活にお困りの方々の生活を支えることに寄与してきたと思います。

　一方で、臨時的な給付事業を継続的に行うことについては、疑問を感じることもあります。統計的にみても、低所得世帯ほど家計において電気・水道や食料品費が占める割合が高いため、負担軽減を目的とした現金・現物給付は合理的です。急速に進んだ、物価上昇の中では、臨時的な給付も必要でしょう。しかし、こうした給付はあくまで臨時的であり、本来は、既存の社会保障制度である年金や公的扶助である生活保護基準額の見直しにおいて、対応すべきだと思います。現在、物価上昇を上回る賃上げをめざして、国・地方公共団体、各企業は懸命に取り組んでいます。所得が上がり、税収が増え、社会保障や公的扶助に充てる予算が増額することで、生活にお困りの方への給付が増加することにつながります。私は、福祉の専門職として福祉行政に関わっていますが、経済や労働政策についても国の動向などを注視しています。

　給付行政に関連して、よく論じられる視点を紹介します。それは、「給付と負担のバランス」です。現在、国や地方自治体では高等教育や給食費の無償化など、給付行政を充実しています。いうまでもないことですが、給付を充実するためには、より多くの予算（お金）が必要になります。その分を誰が賄うのかが、重要な問題です。ここで給付と負担の議論になります。みなさんは、日常生活の中で、レストランで食事したり、店舗やインターネットで服や本などを購入したりすると思います。通常、食事や服を作成する費用は、皆さんの支払いで賄われることになります。すなわち、食事や服というサービスの「給付」に対し、利用者が適正な料金を「負担」しています。料金が高すぎれば、売れなくなるので、店側は、値段を下げるか、品質を上げるかして、最適な水準を模索していきます。しかし、給付行政においては、こうした仕組みを機能させることは困難です。そこで、行政が考えを提示して、広く住民の合意形成を経て、施策を進めていくことになります。生活に困った方がいるのだからもっと給付を行うべきだ、という声があり

ます。もっともな意見だと思います。皆さんも、今後、行政職員となる中で、同様の意見を受け付けることもあろうかと思います。その際には考えてみてください。「誰が給付に要するお金を賄う（支払う）のか」と。

　次に、規制及び調達行政についてです。規制行政は、建物や道路などのまちづくり部門においてよく用いられます。仮に、自分の土地だからといって個人の好きなように建物を建設すれば、周囲に住む多くの住民にとって日照や景観などの点で不利益になることが想定されます。多くの住民が安心安全に暮らすためには、必要な最小限度の規制を行うことが求められます。調達行政は、あらゆる分野で実施されています。

　いずれの行政行動も地方自治法第 1 条の 2 に基づき、公共の福祉の増進を図るために実施されなければなりません。なぜ、この規制、この給付が必要なのか、広く住民の理解を得る必要があります。負担は適正なのか、他と比べ公平・公正性は確保されているのかなど、さまざまな点を踏まえ、施策を企画立案することが行政機関には求められています。

第6章 地方自治体とは何か

　地方公共団体、地方自治体、自治体というように表現は異なりますが、意味するところは同じです。しかし本文執筆者は、「自分たちに関する事柄に関しては自分たちで判断して処理して治めること」という根本の考え方や表現を尊重したいと考え、本書では、法律や行政文書を除いては「地方自治体」という表現を主に用いていくことにします。

1　地方自治の本旨とは

　　憲法は、92条で「地方自治の本旨」（ほんし：本来の趣旨や意味）を打ち出しています。

> **第92条**　地方公共団体の組織及び運営に関する事項は、地方自治の本旨に基いて、法律でこれを定める。

　住民の生存権や生活の質の向上・増進にとって、地方自治体の存在と役割は必要不可欠のものです。それでは、憲法92条が規定する「地方自治の本旨」とはいったい何を意味するのでしょうか。
　地方自治の本旨は「団体自治」と「住民自治」にあると理解されています。それぞれについて、みていくことにしましょう。

(1)　団体自治
　　都道府県、市区町村（東京都では区市町村）は、中央政府から自主性と独立性をもった自治体（統治組織）を設け、この団体が地方の政治を行っていくということ、つまり、「自分たち団体のことは、自分たちが決めるべきである」という地方自治体の自己決定権（地方自治権）の尊重という本質のことです。

(2) 住民自治

「自分たち団体のことは、そこに住む自分たち住民が決めるべきである」とする、地方の政治は住民が自らの意思に基づいて行うという本質のことです。具体的には、住民の参政権、地方自治体への請求権、情報公開、行政参画への手続きなどの制度的保障などです。

2 地方自治の捉え方

次に、地方自治をめぐって、地方自治への歴史、学説的な見解という視点からみていくことにしましょう。

(1) 地方自治への歴史
・第1期
1888（明治21）年　市制町村制の制定
1890（明治23）年　府県制と郡制の制定
官選による府県知事と郡長は内務大臣の監督下に置かれており、大日本帝国憲法下の地方制度、つまり、中央集権的な国家体制に従属させられる「地方」だったのです。
・第2期
日本国憲法8章の「地方自治」の規定、また地方自治法により、地方自治体は、一応国から独立した存在として位置づけられました。しかし実際は、地方自治体は地方自治法によって機関委任事務に縛られており、中央集権的な制度（仕組み）が色濃く残されていました。
・第3期
1995（平成7）年の地方分権改革推進法制定・公布（法律96号、時限立法）を制度改革の第一段階として、1999（平成11）年法律87号による地方分権の推進を図るための関係法律の整備等に関する法律（地方分権一括法）によって地方分権化が進み、制度的には中央集権化の要素が薄まりました。そして、制度改革は現在も進められています。

(2) 地方自治をめぐる学説的見解
地方自治をめぐる学説的見解としては、大きく次の4つの見解があります。

①固有権説
　地方自治体が有する権能（地方自治権）は、国家権力によって与えられるものではなく、国家を前提とせずに、もともと地方の自治共同体として固有のものとして存在してきたという考え方です。
②伝来説
　地方自治権は国家権力（統治権力）の仕組みの一環として位置づけられるものであり、国家を前提として地方自治体に伝わって来る（伝来する）という考え方です。
③制度的保障説
　地方自治権は、憲法によって「制度」として保障されたものであり、国家は地方自治権を侵すような内容を規定する（法律を制定する）ことはできないとする考え方です。
④新固有権説
　地方自治体は、国民主権や人権保障の原理を基点とするという点においては現代の福祉国家と本質的に同一な構造をもっており（単なる制度的保障としてではなく）、地方自治権は固有なものとして憲法によって保障されているという考え方です。

　人間は、一人では生きられず、家族や村落などを形成して、累々と、それぞれの生活を営んできました。血縁や地縁に基づき、社会関係や社会集団を築いてきたのです。国家が成立する以前に、すでに各地域には、独自の自治性・自律性・自立性・文化性をもった固有の社会集団が成立していたといえます。
　その意味で、本文執筆者は、「固有権説に、制度的保障説を重ねる理解が妥当である」という理由から、新固有権説を支持したいと考えます。

(3) 地方政府という考え方
　国を「中央政府」、地方自治体のことを「地方政府」と表現することがあります。
①中央政府とは、地方政府とは
　1）中央政府
　中央政府（central government）は、内閣や連邦政府といった国全体の事

項を扱う統治機構（仕組み）のことです。単に政府という場合には、「中央政府」の意味として用いられ、「国レベルとしての政府」ということになります。

　２）地方政府

地方政府（local government）は、国内において一定の地理的範囲に属する住民及びその代表と行政組織から構成される、地方自治体としての統治機構（仕組み）のことを意味し、「地方レベルとしての政府」ということになります。

②政府間関係としての捉え方

異なる政府間の関係や、政府間の権力関係の比重や対比について把握しようとするときに重要となる視点です。実際的には、国と都道府県、都道府県と市区町村との関係、また府県間や市区町村間の関係のあり方で問題となります。政府間関係として強調するときは、中央政府と地方政府との関係を「支配」（上・強）－「服従」（下・弱）としてではなく、対等な協力的相互関係と捉え、事務及び財源を適正・公平に配分すべきという認識に立ちます。ときに、政府間関係において大きな争点となる（摩擦となる）問題が生じた場合には、緊張的な（対立的な）政治課題となり、運動としても展開していくこともあります。

その意味でも、地方自治体は単なる一地方の一団体としてではなく、「中央」に対する「地方政府」（住民自治に立脚する団体自治）である、という捉え方が必要であり重要となってくるのです。

広域行政についても、それぞれの地方政府として、都道府県相互間、都道府県と市区町村間、市区町村相互間においてどのような関係性をもって制度・政策を進めていくかが課題となっています。

③地方自治法「改正」（2024年6月）の問題点

「地方自治法の一部を改正する法律」（以下、「改正法」という。）が2024年6月19日、国会で成立しました。この改正法は、大規模災害や感染症の蔓延などが生じた際に、国民の安全に重大な影響を及ぼす事態として、国が地方自治体に対して「指示権」を行使できるとする内容です。

後述しますが、今回の改正法は、法定受託事務と自治事務の区別なく、個別法に規定がない場合にも、国の指示権を認めるものです。国の指示権行使についての要件は、「国民の生命等の保護のために特に必要な場合」という

抽象的かつ広範囲にわたるもので、国が広く、地方自治体への一般的な指示権をもつことになります。政府が判断したときに、一方的に、その裁量権として指示権を行使することができるようになるのです。現に、改正法には、「緊急性」の要件が定められていません。国が必要と認めたときには、場合によっては、平時においても指示権が行使されることもあるということなのです。

　政府間関係とは、「対等な協力的相互関係」ということです。国を地方自治体の上に置き、指示権を行使できるとする改正法は、地方自治の本旨、地方政府、また政府間関係という視点からも重大な問題点をはらんでいるものといえるでしょう。

行政の実務から⑥

　ここまで、行政福祉の実施主体は、国及び地方自治体であることを踏まえ、論じてきました。ここからは、主に、地方自治体における行政福祉について触れていきます。

　まず、団体自治と住民自治についてです。

　国において、国会議員は国民（有権者）による直接選挙で選ばれますが、行政府の長である内閣総理大臣や各分野の行政府の最高責任者である大臣については、国民が間接的に選ぶという構造になります。

　一方、地方自治体では、住民が直接選挙で選んだ首長と議会が、住民福祉の向上のため、相互チェックしながらさまざまな施策を企画立案し、実施していきます。憲法93条2項は、「地方公共団体の長、その議会の議員及び法律の定めるその他の吏員は、その地方公共団体の住民が、直接これを選挙する。」と規定しています。さらに、地方自治法では、1条の2（第2章のコラムにも記載しました。）において、「地方公共団体は、住民の福祉の増進を図ることを基本として、地域における行政を自主的かつ総合的に実施する役割を広く担うものとする。」と定めています。このように、団体自治については、憲法又は地方自治法が求めていると理解していただけるかと思います。住民自治については、もう少し考察が必要です。

　地方自治体は、地域の現状を示すさまざまなデータを保有しています。加えて、広く住民に生活実態や施策に対するニーズ調査を行うなどして、現状把握に努めています。データや調査結果は、課題を抽出するための重要な基礎資料です。しかし、地方自治体が把握している情報だけでは、不十分です。地域の課題は、そこに住んでいる住民が最も把握しているという前提に立ち、さまざまな機会を通じ、地域住民の意見に耳を傾ける必要があります。それらが融合することで、文字どおり、その地域の実情に応じた施策が展開できると考えています。

　地方自治体の職員（地方公務員）は、公募委員を入れた協議会や懇談会、パブリックコメントなどを通じて、地域住民の意見を反映した行政計画や事業を実施するよう努めています。また、住民から提出される議会陳情や情報公開請求に対しても、自治体としての見解を丁寧に説明しています。住民と直接のやりとりを通じて施策を作り上げていく過程は、住民自治の実現に向けた、地方自治体職員としての基本的かつ重要な取組であると思っています。

　次に、地方自治の捉え方についてです。

　ここでは、明治維新以降の中央集権国家体制から、第二次世界大戦以降の地方自治法や地方分権一括法制定に伴う、地方分権の流れについて述べられています。現在も地方分権推進は継続しており、地方自治体、とりわけ市区町村が担う役割は、年々大きくなっています。

福祉行政は、特にその傾向が顕著になっていると実感しています。これからも大きな方向性は変わらないと思いますし、その流れは、住民福祉の増進に向けて妥当だと考えています。あえて、不安な点を挙げるとすれば、住民ニーズは把握できても、対応する施策や事業を行う財源に偏在があるという問題です。地方自治体間の財政格差問題は、たびたび報道されていますが、統一的な見解や効果的な対策は、明確になっていないように思います。地方自治法1条の2第2項では、全国的な規模で若しくは全国的な視点に立って行わなければならない施策及び事業の実施は、国の役割と規定しています。現代社会において、全国的な視点で行う施策や事業は何かを明確にしたうえで、全国で同様の行政サービスが行き届くよう、国が財源を確保する必要があると思います。また、少子高齢化の急速な進展により消滅する可能性がある地方自治体が公表され、一時社会的な問題となりました。こうした対応を個々の市区町村が担うことも限界があると思います。団体自治・住民自治という地方自治の本旨を踏まえると、国や都道府県などが地方自治体のあり方に介入することは、ハードルが高いものです。一方で、広域行政として、長期的かつ客観的な視点に立って行う調整事務も、今後重要になってくるのではないかと推察しています。

第7章　地方自治法が規定すること

　憲法は、94条で「地方公共団体の権能」について規定します。条文にある権能（けんのう）とは、その者や機関が有する権限と行使できる力を意味します。

第94条　地方公共団体は、その財産を管理し、事務を処理し、及び行政を執行する権能を有し、法律の範囲内で条例を制定することができる。

1　地方自治体の目的

　憲法92条や94条を押さえたうえで、次に、地方自治法1条を確認してみましょう。地方自治体の目的が明記されています。

第1条　この法律は、地方自治の本旨に基いて、地方公共団体の区分並びに地方公共団体の組織及び運営に関する事項の大綱を定め、併せて国と地方公共団体との間の基本的関係を確立することにより、地方公共団体における民主的にして能率的な行政の確保を図るとともに、地方公共団体の健全な発達を保障することを目的とする。

2　地方自治体の役割

　地方自治法1条の2第1項には、地方自治体の役割が明記されています。

第1条の2　地方公共団体は、住民の福祉の増進を図ることを基本として、地域における行政を自主的かつ総合的に実施する役割を広く担うものとする。

3 国と地方自治体との関係

地方自治法1条の2第2項には、国と地方自治体との関係が明記されています。

第1条の2 〔略〕
② 国は、前項の規定の趣旨を達成するため、国においては国際社会における国家としての存立にかかわる事務、全国的に統一して定めることが望ましい国民の諸活動若しくは地方自治に関する基本的な準則に関する事務又は全国的な規模で若しくは全国的な視点に立つて行わなければならない施策及び事業の実施その他の国が本来果たすべき役割を重点的に担い、住民に身近な行政はできる限り地方公共団体にゆだねることを基本として、地方公共団体との間で適切に役割を分担するとともに、地方公共団体に関する制度の策定及び施策の実施に当たつて、地方公共団体の自主性及び自立性が十分に発揮されるようにしなければならない。

4 地方公共団体の区分・分類

普通地方公共団体（都道府県及び市町村）と、特別地方公共団体（特別区、地方公共団体の組合及び財産区）については、地方自治法1条の3及び地方自治法2条に明記されています。

第1条の3 地方公共団体は、普通地方公共団体及び特別地方公共団体とする。

(1) 普通地方公共団体

第1条の3 〔略〕
② 普通地方公共団体は、都道府県及び市町村とする。
第2条 〔略〕
② 普通地方公共団体は、地域における事務及びその他の事務で法律又はこれに基づく政令により処理することとされるものを処理する。

③ 市町村は、基礎的な地方公共団体として、第5項において都道府県が処理するものとされているものを除き、一般的に、前項の事務を処理するものとする。
④ 市町村は、前項の規定にかかわらず、次項に規定する事務のうち、その規模又は性質において一般の市町村が処理することが適当でないと認められるものについては、当該市町村の規模及び能力に応じて、これを処理することができる。
⑤ 都道府県は、市町村を包括する広域の地方公共団体として、第2項の事務で、広域にわたるもの、市町村に関する連絡調整に関するもの及びその規模又は性質において一般の市町村が処理することが適当でないと認められるものを処理するものとする。
⑥ 都道府県及び市町村は、その事務を処理するに当つては、相互に競合しないようにしなければならない。

(2) 特別地方公共団体

第1条の3 〔略〕
③ 特別地方公共団体は、特別区、地方公共団体の組合及び財産区とする。
第2条 〔略〕
⑦ 特別地方公共団体は、この法律の定めるところにより、その事務を処理する。

(3) 基礎的団体と広域的団体
①基礎的団体

　地方自治体の「基礎的団体」としての地方自治体は、都道府県、市町村、特別区（東京都区）が、これに当たります。

　基礎的団体としての地方自治体は、都市の人口規模によって、地方自治法で「中核市」「政令指定都市」という制度的地位を得ることができます。

　中核市は「人口20万人以上」です（地方自治法252条の22第1項）。その規模や地方自治体としての能力が比較的大きいという点から、中核市には、都道府県の事務権限の一部分が移管されます。できるだけ身近な関係（距離）の中で行政サービスを提供する、という目的があります。

政令指定都市は政令市、指定市、指定都市とも呼ばれ、政府によって指定を受けた「人口50万人以上」の大都市のことです（地方自治法252条の19第1項）。首都圏には、現在、さいたま市、千葉市、川崎市、横浜市、相模原市の5都市があります。
　政令指定都市には、都道府県の事務権限の一部が移管されることになります。市民生活に関係の深い事務や権限が移されることにより、政令指定都市は、その地域の実情に合わせた行政サービスの提供を展開していくことができるようになります。具体的には、児童相談所の設置、道路や公園の整備、都市計画の決定、国道の一部・県道管理などの事務があります。
②広域的団体
　「広域的団体」としては、一部事務組合、広域連合が、これに当たります。
　一部事務組合とは、複数の地方公共団体が行う事務の一部を共同処理するために設けられる法人のことで、地方自治法（1条の3、284条1・2項）に規定される特別地方公共団体です。この団体で働く職員は地方公務員ということになります。例えば、一部の共同処理として、消防・ごみ処理・し尿処理・火葬場の運営等を挙げることができるでしょう。
　広域連合は、「様々な広域的ニーズに柔軟かつ効率的に対応する」「権限委譲の受け入れ体制を整備する」という内容をもって進められている制度です。法的根拠は、地方自治法（1条の3、284条1・3・4項）にあります。
　広域連合は、都道府県、市町村、特別区が設置することができ、広域にわたり処理することが適当であると認められる事務に関して、広域計画の作成、必要な連絡調整をもって、総合的かつ計画的な広域行政は推進されていくことになります。
　広域連合は、直接に国や都道府県から権限委譲を受けることができるので、個々の市区町村では実施が困難だとしても、広域的団体であれば実施が可能となる事務について、法律や政令又は条例によって、直接に、広域連合が処理することができるようになるのです。広域行政の一例として、「高齢者の医療の確保に関する法律」（1982（昭和57）年法律80号。高齢者医療確保法）…いわゆる後期高齢者医療制度の事務を挙げることができるでしょう。

(4)　法人としての地方公共団体
　地方自治は、日本国憲法（92〜95条）によって保障されています。

また、国と地方は、それぞれ別々に法人格をもっています。法人格とは、法律上の人格（法的人格）のことで、権利・義務の主体となることのできる資格を意味します。

　「法人としての地方公共団体」については、地方自治法2条が規定しています。

第2条　地方公共団体は、法人とする。
②　〔以下略〕

行政の実務から⑦

　これまでこの欄において、憲法や地方自治法の条文を踏まえた地方自治体のあり方、そこで働く公務員の仕事のやり方などについて、論じてきました。そして、ここでは地方公共団体の区分・分類のうち、特別地方公共団体である「特別区」について、考察していきます。

　皆さんにとって、住民に最も身近な地方自治体として真っ先に思い浮かべるのは「市町村」又は「市区町村」ではないでしょうか。私自身、長い間「市町村」だと考えていましたし、「市区町村」と認識して以降も、「区」を理解するのに多くの時間がかかりました。まず、東京都内の千代田区や文京区などの「区」と横浜市や千葉市などの指定都市にある港南区や美浜区などの「区」との違いが分かりませんでした。

　指定都市の区について、地方自治法252条の20では、「指定都市は、市長の権限に属する事務を分掌させるため、条例で、その区域を分けて区を設け、区の事務所又は必要があると認めるときはその出張所を置くものとする。」と規定しています。

　一方、東京都内の区については、地方自治法281条で、「都の区は、これを特別区という。」とし、同条2項で、「特別区は、法律又はこれに基づく政令により都が処理することとされているものを除き、地域における事務並びにその他の事務で法律又はこれに基づく政令により市が処理することとされるもの及び法律又はこれに基づく政令により特別区が処理することとされるものを処理する。」と規定されています。すなわち、指定都市の区は、その区域内で市の事務を行う「行政区」であり、特別区は、市町村とほぼ同様の事務を行う「基礎的な自治体」であるといえます。基礎的な自治体であるため、特別区には選挙で選ばれた首長（区長）と議会（区議会）が存在します。

　ここで、もう一歩考察を進めます。特別区は、市と同様の事務を行う基礎的な自治体であるなら、なぜ地方自治法281条を設けているのかと感じる方もおられるかと思います。同法では、人口が高度に集中する大都市地域の自治の方法について、都と特別区の役割を、次のように規定しています。

【地方自治法】

（都と特別区との役割分担の原則）

第281条の2　都は、特別区の存する区域において、特別区を包括する広域の地方公共団体として、第2条第5項において都道府県が処理するものとされている事務及び特別区に関する連絡調整に関する事務のほか、同条第3項において市町村が処理するものとされている事務のうち、人口が高度に集中する大都市地域における行政の一体性及び統一性の確保の観点から当該区域を通じて都が一体的に処理することが必要であると認められる事務を処理するもの

とする。
2　特別区は、基礎的な地方公共団体として、前項において特別区の存する区域を通じて都が一体的に処理するものとされているものを除き、一般的に、第2条第3項において市町村が処理するものとされている事務を処理するものとする。
3　都及び特別区は、その事務を処理するに当たつては、相互に競合しないようにしなければならない。

　この仕組みは、都区制度と呼ばれており、基礎的な自治体である各特別区と東京都が役割分担の下、相互に連携して行政事務を行うものです。「都が一体的に処理することが必要であると認められる事務」には、上下水道や消防などがあります。特別区域内では、こうした事務を区ではなく都が担っています。前述のとおり、特別区は、市とほぼ同様の事務を担う地方自治体であるため、特別地方公共団体として位置づけられています。
　地方自治法の規定によれば、特別区は、都の区に限定されています。そのような中、2012（平成24）年に「大都市地域における特別区の設置に関する法律」が公布（法律80号）されたことにより、住民投票等の一定の手続きを踏み、総務大臣が認可すれば、道府県においても特別区を置くことができるようになりました。現時点において、本法に基づき設置した特別区はなく、都の23区のみが特別区となっています。
　皆さんの中には、特別区の職員になることを希望している方もおられるかと思います。このコーナーを通じて、特別区の概要について理解を深めていただくとともに、各区において実施している地域の実情に応じた施策についても研究し、自分が働きたい区を明確にすることをお勧めします。

第8章　地方分権一括法の意味したこと

1　その時代的背景

　21世紀を目前に、日本社会が高度化・複雑化してくる中で、硬直的で一方的な中央集権型行政システムの弊害が、政治的にも政策的にも大きな問題となってきました。

　地域に関する多くの事柄について、国が上から決めたり統制することで地方自治が制約され、地域の自主性や独自性が薄れて、国家に縛られている制度や仕組みへの批判が強く起こってきたのです。

　東京（首都圏）に人口・経済力・情報などが集まり、「東京一極集中」と「地方衰退」という明暗や格差もはっきりと現われてきました。

　こうした時代的背景をもって、地方分権の必要性が強調されるようになり、地方分権へと向かう改革が推進されることになりました。

　1999（平成11）年7月、「地方分権の推進を図るための関係法律の整備等に関する法律」（地方分権一括法）が制定されました（2000（平成12）年4月施行）。同法は、地方自治法をはじめとする457にも上る関連する諸法律を一挙に、一括して改正するというものでした。

　同法の主な特徴の一つに、「機関委任事務の廃止とそれに伴う新たな事務区分の変更」（法定受託事務と自治事務）というものがあります。

　以下に、述べていくことにします。

2　機関委任事務の廃止
(1)　機関委任事務とは

　本来ならば、国という機関が行うべき行政事務の一部を、法令によって、地方自治体の「執行機関」（知事、市区町村長など）に任せる（委任する）という制度であり、住民の利便性や事務効率等を考慮してという事由からでした。

　旅券（パスポート）の発給や飲食店の営業許可など、1995（平成7）年に

は562件にも達していたとのことです。

委任した事務に関しては、国は「通達」等を通じて地方自治体にさまざまな要求や規制を行うことができました。国と地方の関係は、上下関係や主従関係につながりやすく、まさに中央集権型行政システムとして機能していたのです。

(2) 機関委任事務の廃止

そこで、国は、地方自治体の事務に対して関与する度合いを減少させ、地方自治体による法律の解釈権や条例の制定権を拡大させることにしました。

国という機関の事務を、地方自治体という機関に移していく際に、国が地方自治体の事務処理の仕方に細々と関与することを縮小するという方向に転換していくこととなりました。機関委任事務という区分は、制度的にここで廃止されたのです。

3 法定受託事務と自治事務

機関委任事務の廃止に伴って、新たな事務区分として設定されたものが、「法定受託事務」と「自治事務」です。

(1) 法定受託事務

「法定受託事務」とは、国が本来果たすべき役割に係る事務で、国がその適正な処理を特に確保する必要があるものとして、法律又はこれに基づく政令に特に定めるものです。

地方自治体には、法律・政令によって、事務処理を執行する義務があります。

主な例としては、国政選挙、旅券の交付、国の指定統計、国道の管理、戸籍事務、生活保護等を挙げることができるでしょう。

法定受託事務は、国が本来果たすべき役割に係る事務ということで、また法律や政令を根拠にするもので、是正の指示、代執行等、国の強い関与が認められています。

ちなみに、「代執行」とは、国が都道府県に委ねた事務について知事が管理や執行を怠った場合に、国が自ら代わりに処理できるとする手続きのこと

で、行政上の強制執行の一つです。2000（平成12）年に施行された改正地方自治法が根拠となります（地方自治法245条の8）。

　米軍普天間飛行場（沖縄県宜野湾市）の辺野古移設（沖縄県名護市）をめぐって沖縄県知事は「不承認」としました。そこで国は、沖縄県を相手に代執行訴訟を起こしました。最高裁で国側が勝訴した（2024年2月）ことにより、代執行として国による移設工事が進められています。沖縄県にとっての地方自治権の侵害ではないかという強い批判と運動が展開されています。

(2) 自治事務

　「自治事務」とは、地方公共団体の処理する事務のうち、法定受託事務を除いたものです。

　法律や政令により事務処理が義務づけられるものと、任意で行うものに分けられます。

　事務処理が義務づけられるものの主な例は、介護保険サービス、国民健康保険の給付、児童福祉・老人福祉・障害者福祉サービスなどです。

　任意で行うものの主な例は、各種助成金等（乳幼児医療費補助等）の交付、公共施設（文化ホール、生涯学習センター、スポーツセンター等）の管理などです。

行政の実務から⑧

　現在、地方自治体が行う事務は、法定受託事務か自治事務に分類されます。
　私は、地方公務員として福祉行政に従事する期間が長く、法定受託事務である生活保護や自治事務である障害者福祉サービスなどを担当してきました。実務経験の中から、まず、法定受託事務としての生活保護について論じます。法定受託事務の概要は、本編でも示されているとおり、国が本来果たすべき役割に係る事務で、国がその適正な処理を特に確保する必要があるものです。地方自治体には執行義務があり、執行にあたり国の強い関与が認められています。
　生活保護行政を担当する前、この施策については、法律や通知に基づき全国どの自治体でも同じ取組をすることが必要ではないかと考えていました。一面的には、正しい認識でした。このことを真っ先に実感したのは、毎年度、生活保護に従事する職員向けに生活保護手帳及び同手帳別冊問答集が発行されていることでした。生活保護手帳は、発行年度途中までに公布・発出された法令・告示・通知などを分類整理したものであり、別冊問答集は、具体的な実務に関して国に寄せられた各問答における生活保護関係法令及び通知などへの参照を明示したものです。職員の中には、1,000 ページ近い生活保護手帳や、600 ページ近い別冊問答集の内容を熟知し、さまざまな状況に対し、法令や通知、問答に基づき、適切に対応していました。これなら、全国の福祉事務所において、同様の事案に対し同一の対応ができると感じました。法定受託事務を扱う現場ならではの光景でした。
　一方で、生活保護法 1 条「この法律は、日本国憲法第 25 条に規定する理念に基き、国が生活に困窮するすべての国民に対し、その困窮の程度に応じ、必要な保護を行い、その最低限度の生活を保障するとともに、その自立を助長することを目的とする。」という趣旨を踏まえた生活保護受給者に対する自立支援については、各地方自治体で創意工夫を凝らした取組を実施しています。例えば、就労や住宅確保などに向けては、専門性の高い支援が必要となるため、担当職員が資格や豊富な実務経験を有する職員や委託事業者と連携して行う地方自治体が増加しています。また、社会福祉法（1951（昭和 26）年法律 45 号）では、市区町村における生活保護受給者の支援を行う職員（現業員）の定数を、被保護世帯数 80 世帯につき 1 人を標準とすると定めているため、各地方自治体は水準をクリアできるよう努めています。
　したがって、生活保護行政では、統一的・画一的に取り組むことを基本としながら、法の目的を達成するため工夫を凝らした支援を行っていると思っています。
　次に、自治事務である障害福祉サービスについてです。
　私は、障害者計画・障害福祉計画の策定担当をしたことがありますが、各計画は障害者基本法（1970（昭和 45）年法律 84 号）及び障害者の日常生活及び社会生活を総合的に支援するための法律（2005（平成 17）年法律 123 号。障害

者総合支援法）に基づき、市区町村に策定義務がありました（現在、市区町村には、障害児福祉計画も策定義務があります。）。障害福祉計画については、国が基本的な方針を示すこととされています。方針に基づき、市区町村は、計画期間内（3か年）における障害福祉サービスの供給見込み量を示すことが義務となっていました。

　一方で、見込み量を確保するための方策や関係機関との連携に関することなどは努力義務とされていました。私は実務担当者として、先輩や上司の助言・指導を受けながら、区民サービス向上に向け学識経験者・公募委員・事業者などで構成される会議体を設置し、さまざまな議論を重ねていただき、地域の実情に応じた計画策定に関わりました。その中では、地方自治体独自の取組を企画立案するなど、自治事務としての特徴を経験することができました。しかし、自治事務だからといって、何でも思い通りに実施できるわけではありません。限りある財源と人材の中で、実現可能性のある取組を行わなければなりません。また、国や都道府県の補助金などを活用した取組であれば、補助金を受けることができる条件（補助要件）を満たすことが求められます。さまざまな制約がある中で、その時点でできるベストの施策は何かをよく考え、職員だけでなくさまざまな方の意見を伺いながら、丁寧に検討する必要があります。

　ここまで論じてきたように、法定受託事務・自治事務で法律上の性質は異なりますが、実務担当者としては、どの事務においても区民サービス向上に向けた取組を着実に進めるという視点は共通すると考えています。

第9章　地方公共団体における「住民」

1　住民の意味及び権利義務

　住民の意味及び権利義務は、地方自治法10条が規定します。

> 第10条　市町村の区域内に住所を有する者は、当該市町村及びこれを包括する都道府県の住民とする。
> ②　住民は、法律の定めるところにより、その属する普通地方公共団体の役務の提供をひとしく受ける権利を有し、その負担を分任する義務を負う。

2　住民としての「法人」

　法人の場合は、主たる事務所の所在地（一般社団法人及び一般財団法人に関する法律（一般法人法。2006（平成18）年法律48号）4条又は、本店の所在地（会社法（2005（平成17）年法律86号）4条をもって住所とすることとなります。
　市区町村の区域内に住所を有している者は、自然人だけでなく法人も、地方自治法の「住民」に含まれます。

3　住民の権利　その1（直接選挙権）

　自然人としての18歳以上の者（住民）は、その地方自治体の首長や議会の議員を直説選挙で選定する権利を有しています。国政選挙権に対して地方選挙権ともいわれ、地方参政権の制度的保障の要となるものです。
　憲法93条2項は、以下のように規定します。

> 第93条　〔略〕
> ②　地方公共団体の長、その議会の議員及び法律の定めるその他の吏員は、

その地方公共団体の住民が、直接これを選挙する。

　ちなみに「吏員」とは、日本の公務員制度で一定の職員のことを意味し、主に地方公務員のことを指します。官吏は、国家公務員を指して用いられます。
　被選挙権（立候補する権利）に関しては、都道府県知事については「日本国民で満30歳以上」、県議会議員については「日本国民で満25歳以上であり、その県議会議員の選挙権を有していること」、市町村・区長については「日本国民で満25歳以上であること」、市町村・区議会議員については「日本国民で満25歳以上であり、その市町村・区議会議員の選挙権を有していること」とされています。
　国政及び地方選挙における選挙権が「満18歳以上」とされている今日、被選挙権の年齢が「25歳以上」、「30歳以上」とは、年齢的に乖離しているのではないかという批判が起こってきています。
　若い世代の政治家や候補者が増えることは、その世代の声や意見が政府に届くということであり、現実的にも、政治や政策な中身が変わっていく可能性があります。
　OECD加盟国38か国の半数以上が「選挙権・被選挙権ともに満18歳以上」で統一され、欧米の主流となっています。
　はたして、日本においても「被選挙権を満18歳以上に引き下げる」という課題が達成される日は来るのでしょうか。

4　住民の権利　その2　(直接請求権)

(1)　レファレンダム
　「レファレンダム」とは「住民投票」のことです。一定の地域に在り、一定の資格を有する住民が、立法や公職の罷免等につき、その意思を表示するために行う投票です。「中央政府」に対する「地方政府」（住民自治に立脚する団体自治）の存在意義を示すものとして、重要な制度です。
　ここでは、憲法95条を挙げておく必要があるでしょう。

第95条　一の地方公共団体のみに適用される特別法は、法律の定めるところにより、その地方公共団体の住民の投票においてその過半数の同意を得なければ、国会は、これを制定することができない。

(2) イニシアティブ

「イニシアティブ」とは、条例の制定・改廃についての請求権のことです。ここでは、憲法94条を挙げておく必要があるでしょう。

第94条 地方公共団体は、その財産を管理し、事務を処理し、及び行政を執行する権能を有し、法律の範囲内で条例を制定することができる。

(3) リコール

「リコール」とは、首長・議員・役員の解職請求権のことで、憲法93条2項が規定します。

第93条 〔略〕
② 地方公共団体の長、その議会の議員及び法律の定めるその他の吏員は、その地方公共団体の住民が、直接にこれを選挙する。

(4) 議会の解散請求権

議会の解散請求は、その普通地方公共団体の選挙権を有する者が、政令の定めるところに従って、その総数の3分の1以上の者（有権者の3分の1以上）をもって行われます。

解散請求の請求先は、その普通地方公共団体の選挙管理委員会です。

取扱いとしては、住民投票に付されることになり、過半数以上の同意があれば、議会は解散されることになります。

(5) 行財政についての監査請求権

「住民監査請求」ともいわれます。地方自治法242条1項に規定があります。

第242条 普通地方公共団体の住民は、当該普通地方公共団体の長若しくは委員会若しくは委員又は当該普通地方公共団体の職員について、違法若しくは不当な公金の支出、財産の取得、管理若しくは処分、契約の締結若しくは履行若しくは債務その他の義務の負担がある（当該行為がなされることが相当の確実さをもって予測される場合を含む。）と認めるとき、又は

違法若しくは不当に公金の賦課若しくは徴収若しくは財産の管理を怠る事実（以下「怠る事実」という。）があると認めるときは、これらを証する書面を添え、監査委員に対し、監査を求め、当該行為を防止し、若しくは是正し、若しくは当該怠る事実を改め、又は当該行為若しくは怠る事実によって当該普通地方公共団体の被つた損害を補塡するために必要な措置を講ずべきことを請求することができる。

　有権者の50分の1以上をもって、監査請求が可能となります。この請求のあて先は監査委員です。
　取扱いとしては、監査の結果が公表され、議長や議会にも報告がなされます。

(6)　行財政についての情報公開
　情報公開制度は、地方自治の本旨の一つとされる「住民自治」が機能するために必要不可欠なものです。地方自治体の事務は住民の「信託」によって成立し、運営されるものです。それゆえに、行政（財政）・立法の責任者は、また同時に住民に「説明する責務」（説明責任）を有しているのです。情報公開は、住民の「知る権利」の保障、そして知る権利を踏まえたうえでの「参政権」の行使という点からも、外すことのできない制度です。
　国レベルの行政機関の保有する情報の公開に関しては、「行政機関の保有する情報の公開に関する法律」（1999（平成11）年法律42号。情報公開法）があります。

第1条　この法律は、国民主権の理念にのっとり、行政文書の開示を請求する権利につき定めること等により、行政機関の保有する情報の一層の公開を図り、もって政府の有するその諸活動を国民に説明する責務が全うされるようにするとともに、国民の的確な理解と批判の下にある公正で民主的な行政の推進に資することを目的とする。

5　住民の義務

　住民には、住民税の支払い、条例や規則の遵守、使用料や負担金の支払い、

という義務があります。

　住民に身近な税が住民税で、この税は、その地域に住む人たちが地域社会の費用を分担するもので、「市区町村民税」と「都道府県民税」とがあります。

　住民税には「個人住民税」と「法人住民税」があり、その市区町村・都道府県に住所などがある個人が負担するものが「個人住民税」です。

行政の実務から⑨

　一般的に、「住民」といえば、個人（いわゆる自然人）を思い浮かべる方が多いと思います。選挙権、議会の解散請求権、行政の監査請求権などは、個人若しくは個人の集合体の行為であることがその原因かもしれません。しかし、本編にもあるとおり、市区町村の区域内に住所を有している法人は、地方自治法に基づく住民となります。このことは、地方公務員にとって大きな意味を持ちます。地方自治体が福祉の増進を図る対象は、区域内に住所を有している法人も含むからです。具体的には、新型コロナウイルス感染症の影響を受け、売り上げが減少した事業者や商店街等に対する特別貸付やプレミアム付き商品券、キャッシュレス決済ポイント還元事業などがあります。コロナ禍のような非常時だけでなく、平常時においても、各地方自治体では地域の実情に応じた産業振興・商店街振興策を実施しています。こうした施策は、個人と同様、法人も住民として福祉増進を図るという地方自治法の目的に沿っているものだと思います。

　また、各行政分野で施策を進める際に、各地方自治体は、法人に意見を聞くことを積極的に行っています。例えば、福祉分野においては、地域福祉計画や介護保険事業計画などの行政計画を策定する際に学識経験者や公募市民（多くは「個人」です。）などで構成する会議体を設置し、意見を伺いながら内容を決めていきます。多くの場合、区域内の法人、事業者、団体などの代表者が会議体の委員になっています。

　ここまで一部の事務について論じてきましたが、各地方自治体は、個人と同様、法人に対しても、必要な支援や施策に関する意見を聴取していることを理解していただけたのではないかと思います。

　次に、住民の権利についてです。

　皆さんにとって、地方自治体に対する最も身近な住民の権利は、直接選挙権ではないかと思います。本編では、直接選挙権に加え、レファレンダムやイニシアティブなど直接請求権についても示されています。そして、ここでは、行政の実務者として関わる頻度の高い行財政の情報公開について論じます。

　国は、情報公開法を制定し、行政文書の開示請求や開示義務などについて定め、行政機関に対し一層の情報公開と説明責任を求めています。また、同法25条において、「地方公共団体は、この法律の趣旨にのっとり、その保有する情報の公開に関し必要な施策を策定し、及びこれを実施するよう努めなければならない。」と規定されており、各地方自治体は、情報公開に関する条例を制定し、運用状況を公表するなどの施策を展開しています。

　情報公開制度に関する一般的な流れは、まず、行政機関が保有する情報を必要とする方が、法律や条例に規定された手続きを経て、当該機関に対し情報開示を請求します。次に、行政機関が、法律や条例などに基づき請求内容を精査し、公

開可能な情報を申請者へ開示します。また、行政実務の現場では、法の目的にある一層の情報公開と説明責任を果たすため、さまざまな取組を実施しています。例えば、地方自治体が新たに始める施策について、議会に報告したり、住民から意見聴取を行ったり、報道各社に情報提供すること等は、情報公開の主旨にのっとった対応ではないかと考えています。行政実務のあらゆる場面で、情報公開を意識した対応を進めることは、公正で民主的な行政の推進、ひいては、住民福祉の向上につながると思います。

　住民福祉の向上に資する情報公開を実現するためには、情報公開法と同様、個人情報の保護に関する法律（2003（平成15）年法律57号。個人情報保護法）についても理解しておく必要があります。

　個人情報保護法 1 条では、「この法律は、デジタル社会の進展に伴い個人情報の利用が著しく拡大していることに鑑み、個人情報の適正な取扱いに関し、基本理念及び政府による基本方針の作成その他の個人情報の保護に関する施策の基本となる事項を定め、〔中略〕行政機関等の事務及び事業の適正かつ円滑な運営を図り、並びに個人情報の適正かつ効果的な活用が新たな産業の創出並びに活力ある経済社会及び豊かな国民生活の実現に資するものであることその他の個人情報の有用性に配慮しつつ、個人の権利利益を保護することを目的とする。」と規定しています。

　国や地方自治体では、膨大な個人情報を保有しています。給付事業を含め、さまざまな施策を実施するため、保有する個人情報を活用します。情報公開法の規定に照らし合わせれば、保有する個人情報は開示対象となります。一方で、開示できる内容が限定的でなければ、個人の生命・財産が危険にさらされる事態になりかねません。保有する情報について、行政実務の現場では、情報公開法と個人情報保護法（地方自治体であれば同条例）を両輪とし、適切な管理に努めています。

第10章　地方公共団体における公務員

1　その役割

(1)　市区町村の公務員

　市区町村の公務員は、地域住民に寄り添い、直接に行政によるサービスを提供します。ただし、数年ごとに担当する部署が変わること（人事異動）があり、どのような仕事にも対応することのできる行政に関する基本的な知識や考え方、順応力が求められます。

(2)　都道府県の公務員

　自分の勤務する都道府県について、その行政区域を総合的・多角的な視点から捉える力が求められます。

　国や企業などが展開するさまざまな事業に関わることが多く、都道府県のその地域内の資源の開発、課題への対応・解決していくための企画力や立案力、調整力・連携力が求められます。

(3)　国家公務員

　国家公務員は、地方公共団体における公務員ではありませんが、ここで触れておくことにしましょう。

　国家公務員は国に勤務し、国の全体に関わる仕事に携わります。自衛官などの「特別職」と、その他の「一般職」とに分かれます。

　一般職はさらに、「総合職」と「一般職」とに分かれます。総合職は霞が関の各省庁（本省…厚生労働省、法務省、財務省など）に勤務し、一般職は各省庁の出先機関で働くことが多いです。出先機関は、本省庁で企画・立案された事項について実行する任を負い、例えば、労働局（厚生労働省）、法務局（法務省）、税関（財務省）などがあります。

　国家公務員は、国の職員として、より暮らしやすい国家社会を推進していくために、広く国民にとって必要である社会共通の生活基盤を整備し、国民

生活を「公助」として支えるというところに、その目的があります。

2 公務員の法的性格

(1) 全体の奉仕者

　全体の奉仕者とは、公務員は特定の国民（住民）に奉仕するものではなく、国民（住民）全体の奉仕者として公共の利益に尽くさなければならないという、公職のあり方を示す根本基準をいいます。

　関連する憲法条文と法律を挙げておきましょう。

【憲法】
第15条　〔略〕
② すべて公務員は、全体の奉仕者であつて、一部の奉仕者ではない。

【国家公務員法】
第96条　すべて職員は、国民全体の奉仕者として、公共の利益のために勤務し、且つ、職務の遂行に当つては、全力を挙げてこれに専念しなければならない。

【国家公務員倫理法】
第3条　職員は、国民全体の奉仕者であり、国民の一部に対してのみの奉仕者ではないことを自覚し、職務上知り得た情報について国民の一部に対してのみ有利な取扱いをする等国民に対し不当な差別的取扱いをしてはならず、常に公正な職務の執行に当たらなければならない。

【地方公務員法】
第30条　すべて職員は、全体の奉仕者として公共の利益のために勤務し、且つ、職務の遂行に当つては、全力を挙げてこれに専念しなければならない。

(2) 公務員に求められる憲法尊重擁護義務

　公務員には、憲法尊重擁護義務があります。日本国憲法は、国民主権、基

本的人権の尊重、平和主義という三大原則を有しています。国家公務員・地方公務員もまた、日本国憲法を尊重し擁護する義務を負っているのです。

【憲法】
第99条　天皇又は摂政及び国務大臣、国会議員、裁判官その他の公務員は、この憲法を尊重し擁護する義務を負ふ。

3 公務員の職務遂行に伴う義務

公務員には、大きく分けて「法令及び上司の職務上の命令に従う義務」「職務に専念する義務」「身分の保有に伴う義務」が法定されています。
以下に順を追って、みていきましょう。

(1) 法令及び上司の職務上の命令に従う義務
【地方公務員法】
第32条　職員は、その職務を遂行するに当つて、法令、条例、地方公共団体の規則及び地方公共団体の機関の定める規程に従い、且つ、上司の職務上の命令に忠実に従わなければならない。

(2) 職務に専念する義務
【地方公務員法】
第35条　職員は、法律又は条例に特別の定がある場合を除く外、その勤務時間及び職務上の注意力のすべてをその職責遂行のために用い、当該地方公共団体がなすべき責を有する職務にのみ従事しなければならない。

(3) 身分の保有に伴う義務
①信用失墜行為の禁止
【地方公務員法】
第33条　職員は、その職の信用を傷つけ、又は職員の職全体の不名誉となるような行為をしてはならない。

②秘密を守る義務

【地方公務員法】
第34条　職員は、職務上知り得た秘密を漏らしてはならない。その職を退いた後も、また、同様とする。

③政治的行為の制限
【地方公務員法】
第36条　職員は、政党その他の政治的団体の結成に関与し、若しくはこれらの団体の役員となつてはならず、又はこれらの団体の構成員となるように、若しくはならないように勧誘運動をしてはならない。
②　〔以下略〕

④争議行為等の禁止
【地方公務員法】
第37条　職員は、地方公共団体の機関が代表する使用者としての住民に対して同盟罷業、怠業その他の争議行為をし、又は地方公共団体の機関の活動能率を低下させる怠業的行為をしてはならない。又、何人も、このような違法な行為を企て、又はその遂行を共謀し、そそのかし、若しくはあおつてはならない。
②　〔以下略〕

⑤営利企業等の従事制限
【地方公務員法】
第38条　職員は、任命権者の許可を受けなければ、商業、工業又は金融業その他営利を目的とする私企業（以下この項及び次条第1項において「営利企業」という。）を営むことを目的とする会社その他の団体の役員その他人事委員会規則（人事委員会を置かない地方公共団体においては、地方公共団体の規則）で定める地位を兼ね、若しくは自ら営利企業を営み、又は報酬を得ていかなる事業若しくは事務にも従事してはならない。ただし、非常勤職員（短時間勤務の職を占める職員及び第22条の2第1項第2号に掲げる職員を除く。）については、この限りでない。
②　〔以下略〕

行政の実務から⑩

　現在、さまざまな機関が、中高生を対象に将来なりたい職業を調査し、結果を公表しています。複数の調査結果では、国家公務員や地方公務員がなりたい職業の1位または上位となっています。しかし、実際の応募数や倍率は低下しているので、就職をめざす過程で心理変化が起こっているのかもしれません。

　公務員（政治家を含む。）の言動や行動が報道されるとき、番組の司会者やインタビューを受けた方が「民間では考えられない」「民間はそんなに甘くない」などのコメントが紹介されることがあります。行政と民間との間で、目的や成り立ちが異なることを踏まえても、住民感覚を意識した行政運営が必要であると思うことが多々あります。

　一方で、ある民間会社に勤めている方から、「公務員は、ニーズ調査から施策の企画立案・実施まで、一体で担うから大変だね。会社では、調査（マーケティング）・商品企画・製造・営業を社員が分業しているから」という趣旨の言葉をいただいたことがあります。この比較は、全ての会社や行政機関に共通することではありませんが、私は、公務員の仕事に対する一つの評価として、ポジティブに受け止めています。また、地方自治体に総合職（事務職）として採用される場合、配属される分野は、教育・福祉・まちづくりなど幅広く、仕事内容も、直接住民と接する職場から施策の企画立案を行う職場までさまざまです。当然ながら、業務に関係する地域の方々も、分野に応じて異なってきます。本編にあるとおり、配属された職場に関する知識や考え方、順応力が求められます。仕事を通じて、地域で活躍するさまざまな方々との関係を築くことができること、身近な行政課題に関する知識を得られることなどは、公務員の魅力の一つではないかと思います。特に、市区町村は、区域内の住民にとって最も身近な地方自治体であるため、職員（公務員）が住民と接する機会は、とても多いと思います。

　次に公務員の性格についてです。

　公務員は、憲法上全体の奉仕者と位置づけられており、職務を遂行するにあたり、順守すべき義務を地方公務員法で規定しています。職務上の義務違反、職務の怠り、全体の奉仕者としてふさわしくない非行などがあった場合、同法に基づき戒告、減給、停職、免職といった懲戒処分の対象となります。各地方自治体は、懲戒処分に関して指針などを定め、代表的な事例とそれぞれの事例における標準的な処分の量定を定めており、事件の概要や処分の内容などを公表しています。また、地方公務員法36条や38条1項の政治的行為の制限や営利企業等の従事制限は、全体の奉仕者として中立・公正を旨とする公務員の特徴的な義務であるかもしれません。一方で、地方公務員法は、義務と処分だけを規定しているわけではありません。例えば、同法39条では、「職員には、その勤務能率の発揮及び増進のために、研修を受ける機会が与えられなければならない。」と規定しており、

同条3項において「地方公共団体は、研修の目標、研修に関する計画の指針となるべき事項その他研修に関する基本的な方針を定めるものとする。」とし、組織的に研修を実施するよう求めています。また、職員の病気や負傷などに備えた共済制度や公務災害補償についても同法に定められています。このように、職員としての権利と義務が、法律や条例に明確に位置づけられていることは、公務員の最大の特徴だと思います。

こうした背景が、「融通が利かない」「お堅い」といった一面的な公務員像を構築しているのかもしれません。しかし、実際に働いてみると、そんなことはありません。公務員らしくない公務員（もちろん良い意味においてです。）はいます。仕事に対し、モチベーションを高く保ち、積極的に課題に対応している職員も数多くいます。その中でも、法令や通知などに基づいた適切な対応については、常に根幹に据えて仕事に取り組んでいます。

第11章　自治立法権

1 地方自治体の条例・規則制定権

　地方自治体には、それぞれ独自に条例や規則を制定する権能があり、地方自治法に根拠規定があります。条例とは、各地方自治体が制定する自主法のことです。規則とは、自治体の長が法令に違反しない限りにおいて、その権限の属する事務に関して制定するもの（広い意味での法）のことです。

　ちなみに、法令とは、法律（国会が制定する法規範）と、命令（国の行政機関が制定する法規範）とを合わせて表現するものです。

【地方自治法】
第14条　普通地方公共団体は、法令に違反しない限りにおいて第2条第2項の事務に関し、条例を制定することができる。
②　普通地方公共団体は、義務を課し、又は権利を制限するには、法令に特別の定めがある場合を除くほか、条例によらなければならない。
③　普通地方公共団体は、法令に特別の定めがあるものを除くほか、その条例中に、条例に違反した者に対し、2年以下の懲役若しくは禁錮、100万円以下の罰金、拘留、科料若しくは没収の刑又は5万円以下の過料を科する旨の規定を設けることができる。
第15条　普通地方公共団体の長は、法令に違反しない限りにおいて、その権限に属する事務に関し、規則を制定することができる。
②　〔以下略〕

2 地方議会による条例制定権

　条例を設け、又は改廃する権能は、各地方議会が有しており、議会の議決事項です。条例が議会で可決されたときは、3日以内に議長から当該地方自治体の長に送付しなければならない、とされています。

条例には、法令の個別的委任がなくとも刑罰規定を設けることができますが、規則には、法令の個別的委任がなければ刑罰規定を設けることができません。

3 自治基本条例の制定

近時、多くの地方自治体で、自治基本条例を制定する動きが広がってきています。地方自治体がそれぞれ独自の、特色ある地域づくりの理念や原則、自治体運営の基本的なルールなどを定める条例です。

自治基本条例は、地方自治の本旨（住民自治・団体自治）についての基本的なあり方を規定し、また、当該自治体の自治立法の体系の頂点に位置づけられるものです。

「自分たちが暮らす自治体について、何をどのように考えるのか、誰がどのような役割を担い、またどのような方法で決めて進めていくのか」という内容について、その基本ルールが条文化されています。自分たちの自治体がめざす姿や方向性について意思表明がなされているものでもあり、自治基本条例は「自治体の憲法」とも呼ばれています。

「自治体にとっての自己決定権」という面からも、地方自治を強化する意味をもち、評価される取組といえます。

ちなみに、埼玉県新座市も自治基本条例として「新座市自治憲章条例」を制定し、この条例は2006（平成18）年11月1日より施行されています（80ページ参照）。

4 百条委員会とは何か

「百条委員会」とは、地方自治体の事務に関して、不祥事や疑惑が生じたときにその事実関係を調査するために、行政調査特別委員会として地方議会に設置されるものです。地方自治法100条の適用によって設けられる機関なので、「百条委員会」といわれます。国会の国政調査権（憲法62条）に対応しているという意味もあって、委員会には強い権限があり、関係者の出頭や証言、記録の提出を請求することができます。議員が委員会の委員を務めることになり、議会事務局などの自治体職員がサポート役を担います。委員会

の人数などは各地方自治体の条例により定められています。

　最近では、例えば、兵庫県の齋藤元彦知事の県職員に対するパワーハラスメントや、企業からの贈答品受け取りなどの疑いを告発する文書をめぐって、県議会が百条委員会を設置して、事実関係の調査を開始しました（2024年8月）。

　百条委員会での調査が進められている中、兵庫県議会は、同年9月19日全会一致をもって知事に対する不信任決議案を可決しました。不信任決議は地方自治法によって法的拘束力を有します。知事は10日以内に議会を解散するか、辞職・失職するかの選択を迫られることになりました。結局、知事は自ら失職する決断をし、あらためて県知事選挙（出直し知事選挙）が実施されることになり（11月17日投票）、投開票の結果、前知事の齋藤元彦が再選を果たしました。

　設置されていた百条委員会は、2025年3月4日に報告書内容を決定し、公表した。

　地方自治法100条1項・3項を取り上げ、紹介しておきましょう。

第100条　普通地方公共団体の議会は、当該普通地方公共団体の事務（自治事務にあつては労働委員会及び収用委員会の権限に属する事務で政令で定めるものを除き、法定受託事務にあつては国の安全を害するおそれがあることその他の事由により議会の調査の対象とすることが適当でないものとして政令で定めるものを除く。次項において同じ。）に関する調査を行うことができる。この場合において、当該調査を行うため特に必要があると認めるときは、選挙人その他の関係人の出頭及び証言並びに記録の提出を請求することができる。

② 〔略〕

③ 　第1項後段の規定により出頭又は記録の提出の請求を受けた選挙人その他の関係人が、正当の理由がないのに、議会に出頭せず若しくは記録を提出しないとき又は証言を拒んだときは、6箇月以下の禁錮又は10万円以下の罰金に処する。

④ 〔以下略〕

行政の実務から⑪

　一般的に「条例」とは、地域における事務及びその他の事務で、法律又はこれに基づく政令により処理することとされる事務について、地方自治体の議会の議決を受けて制定する法といえると思います。条例には、法律において条例で定めるとの規定に基づき制定するものと、地域の状況や特性などに応じて、独自に制定するもの、とに分類されます。前者には、介護保険条例や情報公開・個人情報保護条例のほか、地方自治法の規定に基づき制定する地方公共団体の休日や議会の議員定数に関する条例などが含まれます。後者については、全国の地方自治体でさまざまな条例がありますので、機会がありましたら皆さんも調べてみることをお勧めしますが、一例として、「あついぞ！熊谷お祭り条例」や「鎌倉市公共の場所におけるマナーの向上に関する条例」などが挙げられるかと思います。いずれの場合も、「目的は何か」「法令などに違反していないか」「文章や言葉は正しいのか」など、緻密なチェックを経て制定に至ります。

　ところで、本編にもありますが、地方自治法14条1項は、「普通地方公共団体は、法令に違反しない限りにおいて第2条第2項の事務に関し、条例を制定することができる。」と規定しています。この条文だけを読むと、各地方自治体は、「違反しない範囲とはどこなのか」について、各法令の内容を精査する必要があります。例えば、規制に関する法令において、規定されている規制の範囲が現時点で十分であり、それ以上の規制を予定していないと考えられる場合には、法令の対象外の規制を条例に定めることは、法令違反となります。また、法令と同じ目的の下、更に厳しい基準や規制を条例に規定することも、同じような注意が必要となります。

　条例制定に合わせて、「規則」を策定することがあります。地方自治法15条1項では、「普通地方公共団体の長は、法令に違反しない限りにおいて、その権限に属する事務に関し、規則を制定することができる。」と規定しています。規則は、議会の議決を経ずに、首長や委員会が制定するものです。したがって、地方自治法96条1項各号に列挙される、予算の議決や決算の認定、地方税の賦課徴収・分担金、使用料、加入金又は手数料の徴収などの議決事件は規則で定めることはできません。また、住民に義務を課し、又は権利を制限することも条例によらねばなりません。地方自治体の首長は、住民の直接選挙で選ばれた者のため、当該自治体の事務処理について広い権限があると考えられますが、同じく住民の代表者である議会の議決がなければ、住民の権利・義務に踏み込んだ規定を設けることはできません。このことは、地域住民の福祉の向上に向け、首長と議会とが、均衡し、相互けん制の下、チェック・アンド・バランス機能を果たしていくという、地方自治体における自治の特徴の一つであるのではないかと思います。では、各地方自治体の長は、どのような場面で規則を制定するのか。例えば、

地方自治法に条例に規定する内容について、詳細を定めるため規則を制定することがあります。具体的には、「介護保険条例」で、介護保険事業の運営に関する重要な事項を審議するため、介護保険運営協議会を設置し、その組織は、学識経験者や医療従事者、被保険者など 10 名以内で構成すると規定した場合、「介護保険条例施行規則」において、学識経験者は 2 名以内、医療従事者は 3 名以内、被保険者は 4 名以内などと定めることがあります。

　また、地方自治体の長や委員会は、「要綱」や「要領」を策定することもあります。これは、条例や規則で定めた事務を継続的に適正に執行するため、事務処理基準や手続きを細かく規定するものです。どの職場でも同じだと思いますが、行政においても、職員の異動があります。職員が替わったことで、判断基準や手続きに違いがあれば、公平性・公正性の観点から重要な問題となります。均一の事務を継続的に執行するため、必要な規定であると考えます。

第12章　自治行政権

1　自治行政権とは

　地方自治体が、その担当すべき事務範囲を定めて自ら処理する権能をいいます。
　憲法94条に根拠があります。

第94条　地方公共団体は、その財産を管理し、事務を処理し、及び行政を執行する権能を有し、法律の範囲内で条例を制定することができる。

2　地方自治体の長としての団体統轄及び担任事務

　普通地方公共団体の長は、当該普通地方公共団体を統轄し、これを代表します。
　統轄（とうかつ）とは、事務の全般にわたって、総合的・統一性を確保する権限のことです。
　地方自治体の長としての統轄及び担任すべき事務については、地方自治法147、148、149条に規定があります。

【地方自治法】
第147条　普通地方公共団体の長は、当該普通地方公共団体を統轄し、これを代表する。
第148条　普通地方公共団体の長は、当該普通地方公共団体の事務を管理し及びこれを執行する。
第149条　普通地方公共団体の長は、概ね左に掲げる事務を担任する。
　一　普通地方公共団体の議会の議決を経べき事件につきその議案を提出すること。
　二　予算を調製し、及びこれを執行すること。

三　地方税を賦課徴収し、分担金、使用料、加入金又は手数料を徴収し、及び過料を科すること。
　四　決算を普通地方公共団体の議会の認定に付すること。
　五　会計を監督すること。
　六　財産を取得し、管理し、及び処分すること。
　七　公の施設を設置し、管理し、及び廃止すること。
　八　証書及び公文書類を保管すること。
　九　前各号に定めるものを除く外、当該普通地方公共団体の事務を執行すること。

3　内部組織

　地方自治体の長には、その自治体内の事務や事業の運営が円滑に進められていくように内部組織を整備し、展開していく責務があります。
　そして、市区町村、都道府県の公務員（自治体職員）は、この内部組織のそれぞれの部署において、担当する事務を遂行していくことなります。「狭義の行政福祉職」も、ここに従事することになります。
　内部組織について、地方自治法158条をみてみましょう。

第158条　普通地方公共団体の長は、その権限に属する事務を分掌させるため、必要な内部組織を設けることができる。この場合において、当該普通地方公共団体の長の直近下位の内部組織の設置及びその分掌する事務については、条例で定めるものとする。
②　普通地方公共団体の長は、前項の内部組織の編成に当たつては、当該普通地方公共団体の事務及び事業の運営が簡素かつ効率的なものとなるよう十分配慮しなければならない。

行政の実務から⑫

　第12章は、地方自治体における行政権、すなわち首長の権限についてです。地方自治体の長は、選挙で選出され、地方自治法147条・148条・149条に基づき、自治体内の事務について統括的な代表権を有しています。だからといって、首長が、個人的な理想（想い）だけで行政権を執行できるわけではありません。例えば、理想を実現するための新たな施策や事業を行うためには、予算の裏付けが必要です。11章でも述べたとおり、予算は議会が決める事項（議決事項）です。住民に義務を課す、又は、権利を制限する場合も条例を制定する必要があります。すなわち、地方自治体の長には広範な行政権がありますが、実行できる範囲は予算や条例などの範囲内において、ということになります。

　これまでも論じてきましたが、地方自治体が行う事務は、福祉からまちづくり、産業振興に至るまで、広範囲にわたります。1人の長が、全ての範囲における状況を熟知し、住民福祉の向上のため最善の施策を実現することは、困難です。そこで、地方自治法158条では、長の権限に属する事務を分掌させるため、必要な内部組織を設けることができると規定されています。法に基づき、各地方自治体では、部（局）や課（所）などの組織を設置しています。組織を運営するため、職員を雇用します。まちづくりや福祉・保健分野など、職員に高い専門性が求められる場合、各地方自治体は、事務職（総合職）に加え、土木・建築・福祉・保健師など一定の資格を有する職員の確保に努めています。これらの職員（行政福祉職）は、住民福祉の向上に向け、全力を挙げて日々の業務に取り組んでいます。職員が行う事務の一つひとつは、選挙で選ばれた長の権限に属するものであるため、迅速かつ適切に遂行することが常に求められます。

　ここまで、地方自治体の長について論じてきました。関連して、地方自治体における委員会・委員（行政委員会）について述べておきます。地方自治法138条の4では、「普通地方公共団体にその執行機関として普通地方公共団体の長の外、法律の定めるところにより、委員会又は委員を置く。」と規定されています。委員会は、地方自治法138条の4第2項に基づき、長から独立した立場で規則制定などの事務を行うことができます。皆さんは、行政委員会といわれ、何を思い浮かべますか。なじみ深いのは、「教育委員会」でしょうか。選挙が行われる時期には、「選挙管理委員会」の名前を聞く機会も多くなると思います。このほかにも、「公安委員会」や「人事（公平）委員会」などの行政委員会が、各法に基づき、地方自治体に設置されています。各行政委員会は、目的や役割が異なりますが、ここでは教育委員会を取り上げます。

　教育委員会は、地方教育行政の組織及び運営に関する法律（1956（昭和31）年法律162号）3条に基づき、基本的に教育長と4人の委員で構成されます。教育長及び委員については、同法4条により、地方公共団体の長が議会の同意

を得て任命することになります。また、長と同様、教育委員会の権限に属する事務を処理させるため、教育委員会に事務局を置きます（同法17条）。事務局には、指導主事、事務職員及び技術職員を置くほか、所要の職員を置くと規定されています（同法18条）。指導主事とは、同法18条4項に基づき、教育に関し識見を有し、かつ、学校における教育課程、学習指導その他学校教育に関する専門的事項について、教養と経験がある者でなければならず、また、大学以外の公立学校（地方公共団体が設置する学校をいう。）の教員（教育公務員特例法（昭和24年法律1号）2条2項に規定する教員をいう。）をもって充てることができるとされており、市区町村の教育委員会事務局には、多くの場合公立小中学校の教員が指導主事として配置されます。

　まちづくりや福祉・保健分野においては、事務職（総合職）に加え、土木・建築・福祉・保健師など一定の資格を有する職員を確保・配置することは前述しました。教育委員会においても、学習指導や生徒指導、教科書その他教材の取扱い、公立学校等教育機関の設置・管理など、専門性の高い事務が求められるため、指導主事と事務・技術職員が連携して教育行政に取り組んでいます。

第13章　自治財政権

1　地方自治体の財政

　地方自治体の財政を「地方財政」といいます。地方自治体の財政運営に関しての独自の権能を、「自治財政権」(あるいは自治体財政権) と表現することもあります。「どのように財源を確保するのか」「課税するのか」「使途していくのか」の施策の具体化に関しては、憲法94条が根拠となります。
　あらためて、憲法94条を引いておきましょう。

> **第94条**　地方公共団体は、その財産を管理し、事務を処理し、及び行政を執行する権能を有し、法律の範囲内で条例を制定することができる。

　都道府県や市区町村は、学校教育や福祉・衛生、警察・消防、道路、下水道の整備といったさまざまな行政を担っています。そのためにも自治財政権は必要不可欠であり、住民生活に多大な影響を及ぼし、また、大きな役割を果たしているのです。
　地方自治体の財政は、地域住民の行政的な要求に応えており、現在、民生費、教育費、土木費などに大きな比重が占められています。

2　地方自治体の会計

　地方自治体の会計は、「一般会計」と「特別会計」に区分経理されています。各自治体によって会計区分は異なりますが、「普通会計」と「その他の会計」(公営事業会計) に区分されているところもあります。

〈普通会計〉
・学校教育、福祉、道路、消防など
〈その他の会計：公営事業会計〉

・公営企業会計（水道事業、交通事業、電気事業、ガス事業、病院事業、下水道事業、宅地造成事業など）
・国民健康保険事業会計
・後期高齢者医療事業会計
・介護保険事業会計　など

3 地方財政法

地方自治体の財政については地方財政法（1948（昭和23）年法律109号）という法律が存在しています。
予算の編成、予算の執行等について、地方財政法をみてみましょう。

（予算の編成）
第3条　地方公共団体は、法令の定めるところに従い、且つ、合理的な基準によりその経費を算定し、これを予算に計上しなければならない。
2　地方公共団体は、あらゆる資料に基いて正確にその財源を捕そくし、且つ、経済の現実に即応してその収入を算定し、これを予算に計上しなければならない。
（予算の執行等）
第4条　地方公共団体の経費は、その目的を達成するための必要且つ最少の限度をこえて、これを支出してはならない。
2　地方公共団体の収入は、適実且つ厳正に、これを確保しなければならない。

4 予算の原則

予算の原則に入る前に、その前提として重要な「財政民主主義」と「租税法律主義」について触れておくことにします。
「財政民主主義」とは、国家の財政活動が展開されていく場合（支出や課税）には必ず「国民の代表者から構成される国会での議決が必要である」という考え方のことです。国家財政の内容やあり方は、国民生活を大きく左右させるほどの影響力をもつため、民主的な手続きにのっとった国会の議決が必要

となるのです。憲法83条は、「国の財政を処理する権限は、国会の議決に基いて、これを行使しなければならない。」と規定しており、「財政国会中心主義」ともいわれます。

「租税法律主義」とは、「租税を賦課し、また徴収する場合には、必ず、議会の制定した法律によらなければならない」という考え方のことです。財政民主主義について収入面から実現させようとするものです。憲法84条は、「あらたに租税を課し、又は現行の租税を変更するには、法律又は法律の定める条件によることを必要とする。」と規定します。

自治財政権における予算も、財政民主主義や租税法律主義に従う必要があります。地方自治体における場合の法律とは、条例がこれに当たります。その意味では「租税条例主義」ということになります。

以上のことを確認したうえで、民主的かつ適正が必要である「予算の原則」について、順次みていくことにしましょう。

(1) 予算の事前決議の原則
【地方自治法】
（予算の調整及び議決）
第211条 普通地方公共団体の長は、毎会計年度予算を調製し、年度開始前に、議会の議決を経なければならない。この場合において、普通地方公共団体の長は、遅くとも年度開始前、都道府県及び第252条の19第1項に規定する指定都市にあつては30日、その他の市及び町村にあつては20日までに当該予算を議会に提出するようにしなければならない。
2 普通地方公共団体の長は、予算を議会に提出するときは、政令で定める予算に関する説明書をあわせて提出しなければならない。

(2) 予算公開の原則
【地方自治法】
（予算の送付及び公表）
第219条 普通地方公共団体の議会の議長は、予算を定める議決があつたときは、その日から3日以内にこれを当該普通地方公共団体の長に送付しなければならない。
2 普通地方公共団体の長は、前項の規定により予算の送付を受けた場合に

おいて、再議その他の措置を講ずる必要がないと認めるときは、直ちに、その要領を住民に公表しなければならない。
(財政状況の公表等)
第243条の3　普通地方公共団体の長は、条例の定めるところにより、毎年2回以上歳入歳出予算の執行状況並びに財産、地方債及び一時借入金の現在高その他財政に関する事項を住民に公表しなければならない。
2　〔以下略〕

(3)　総計予算主義の原則
【地方自治法】
(総計予算主義の原則)
第210条　一会計年度における一切の収入及び支出は、すべてこれを歳入歳出予算に編入しなければならない。

(4)　予算単一主義の原則
【地方自治法】
(会計の区分)
第209条　普通地方公共団体の会計は、一般会計及び特別会計とする。
2　特別会計は、普通地方公共団体が特定の事業を行なう場合その他特定の歳入をもつて特定の歳出に充て一般の歳入歳出と区分して経理する必要がある場合において、条例でこれを設置することができる。

(5)　予算統一の原則
【地方自治法】
(歳入歳出予算の区分)
第216条　歳入歳出予算は、歳入にあつては、その性質に従つて款に大別し、かつ、各款中においてはこれを項に区分し、歳出にあつては、その目的に従つてこれを款項に区分しなければならない。

(6)　会計年度独立の原則
【地方自治法】
(会計年度及びその独立の原則)

第208条 普通地方公共団体の会計年度は、毎年4月1日に始まり、翌年3月31日に終わるものとする。

2　各会計年度における歳出は、その年度の歳入をもつて、これに充てなければならない。

5 地方財政の財源と現状

　地方財政の現状は、地方税を中心とする自主財源が財源の約4割で、残りは国家からの地方交付税交付金、国庫支出金、地方債に頼る「依存財源」となっています。

　地方自治体の仕事は、年々多様化・増大するのですが、財源不足などの理由から十分な行政サービスを提供できない自治体も多くなってきています。地方債の利払い、人件費の増加などの原因もありますが、もっと大きくは、人口減少社会－地方衰退（高齢化、労働力不足、後継者不足などの要因）という背景や動向があります。

　財政が厳しい自治体において、事業縮小、職員削減などが進められています。

　2007（平成19）年6月、「地方公共団体の財政の健全化に関する法律」（法律94号。自治体財政健全化法）が制定されました（全面施行2009年）。この法律は、国が、一定の基準以上に財政状況が良くない地方自治体に対して健全化計画の策定を義務づけ、改善努力を促し、財政悪化の地方自治体には、国が、監督をしてその立て直しを図るというものです。今後、それぞれ住民にとっても、その属する自治体の自治財政権の中身や実際を注視していく必要があります。

　ちなみに、地方税とは、原則として地方税法、あるいは地方税法に基づく地方自治体の条例に基づいて課される租税のことです。主な地方税としては、個人の場合は住民税、法人の場合は法人事業税があります。

　地方交付税交付金とは、地方自治体間の財政格差を是正するために、国税の一部を地方に交付するお金のことです。国から使途は指定されません。国は、地方自治体の財政力によって区分し、交付率を調整します。東京都などの財政に余力のある自治体には交付されていません（これら自治体のことを「不交付団体」と呼びます。）。

国庫支出金は、国が地方自治体に、特定の事務事業ごとに使途を指定して交付するお金のことです。県から交付される場合には、県支出金といいます。

　地方債は、地方自治体が資金調達のために発行する公債のことです。地方自治体が地方債を発行するときは、原則として、都道府県及び指定都市は総務大臣と、市区町村は都道府県知事と協議を行うことが必要とされています。総務大臣が同意又は許可をしようとする場合には、あらかじめ財務大臣と協議することとされています。

行政の実務から⑬

　本章では、地方自治体にとって最も重要な業務の一つである、予算編成について論じます。ここまで、地方自治体の職員は住民福祉の向上に向けて全力で取り組むよう法令で求められており、さまざまな施策や事業を企画立案・実施していることについて述べてきました。施策や事業を実施するには、担当する職員の人件費や物品購入費など、お金がかかります。行政サービスは、その性質上、実施に必要な費用を利用者（住民）が直接支払う利用料や使用料だけで賄うことはできません。例えば、みなさんのお住まいの地域にある公立体育館やプールの利用料はいくらくらいでしょうか。個人利用であれば、1時間あたり数百円といったところではないでしょうか。公園や道路の利用（道路については歩行・走行といったほうが正確かもしれません）に至っては、一部の例外を除き無料です。

　では、公立体育館やプールの運営、公園や道路の維持管理に要する費用は、誰が支払っているのでしょうか。国や地方自治体です。国や地方自治体の主な財源は、税金です。つまり、行政サービスに必要な費用の大部分は、サービスを直接利用しない方々からの税金によって賄われています。一部の税については、使い道が特定されています。例えば、森林環境税は、市区町村や都道府県が実施する森林の整備及びその促進に関する施策にのみ使用されます。このように使途が決まっている税は限定的であり、多くの場合、税金を納める段階でその使い方は決まっていないのが現状です。したがって、国や地方自治体は、徴収した税金などを、「どの分野・施策」に「どの程度充てるのか」を決定する必要があります。これら一連の過程が、予算編成です。皆さんから預かった貴重な税金の分配に関することなので、住民の代表である議会の議決が必要であることは、多くの方が納得するところではないでしょうか。冒頭で、予算編成は、地方自治体にとって最も重要な業務の一つであると示したのも、ここまで述べてきた背景を踏まえてのことです。

　次に、地方自治体の財政状況と行政サービスについてです。

　個々の家族（世帯）においては、収入や資産に応じて、暮らし方が異なります。そのことについて、皆さんはどのように感じますか。多くの方は、それは「仕方がない」あるいは、「当たり前のこと」として受け止めておられるかと思います。一方で、親の所得が低いことにより、子どもの教育や社会的経験の機会に格差が生じ、結果として、子も貧困になるという負の連鎖（貧困の連鎖）については、国や地方自治体が格差解消に向けたさまざまな支援を企画し、予算（税金）を充てています。

　各地方自治体においても、同じことが当てはまります。税収などの財源に応じて、提供される行政サービスは自治体ごとに異なります。国は、格差を解消し、自治体間の行政サービスを平準化するため、地方交付税交付金を各自治体に交付

しています。一方で、交付を受けない自治体などが、独自の行政サービスを実施しており、結果的に、各自治体が提供する行政サービスに差異が生じています。

　地方自治体で働く職員（公務員）としては、この現状をどのように受け止め、日々の仕事を遂行していくか。私は、どの自治体においても、限りある人材と財源を有効に活用し、その地域ニーズに応じた施策を地域にお住まいの住民や団体と意見交換しながら企画立案し、実施すること、これに尽きるのではないかと思います。併せて、財源偏重に対しては、自治体として国などに対し意見を出していくことも必要だと考えます。少子高齢化の進展や東京一極集中など、日本全体が抱える構造的な課題を解決することは、容易なことではありません。だからといって、現状を悲観視することなく、前向きに工夫を凝らして住民福祉の向上に努める、こうした日々の努力はこれまでも必要でしたが、今後の公務員にはますます求められる姿ではないかと思います。

第14章　行政法からの「行政」の理解

「行政は法律に基づき、そして法律に違反してはならない」という「法律による行政」の原理については、先述しました。

ここでは、それでは「行政が従うべき〈法律〉をどのように考えるのか」「法律に適合した行政の活動の意味とは何なのか」について、行政法の視点から、主に「行政の行為」に焦点を当てて、みていくことにします。

さて、行政法ですが、行政法とは「行政に関する法律の総称」をいいます。行政法という固有の法律があるわけではない、ということに注意しておく必要があります。

1　行政行為とは

「行政行為」とは、行政庁が法律の定めに従い、「公権力の行使」として国民（住民の）権利義務その他の法的地位を具体的に決定すること、です。一般的には、「行政処分」といわれます。

2　行政行為の効力

「行政行為の効力」には、国民（住民）を縛る（従わせる）ほどの強い力がある、といっても過言ではないでしょう。だからこそ、行政行為については、その法解釈においても、また実際の運用においても、「行政の憲法適合性」「行政の法律適合性」が、常に、厳しく問われることになるのです。

行政行為について、拘束力、公定力、不可変更力、自力執行力、不可争力という順で、みていくことにしましょう。

(1) 拘束力

拘束力とは、「行政行為が、国民（住民）と行政庁を拘束する効力のこと」です。

拘束力には、行政行為の取消しがなされるまでは、その行政行為に法的な効果が続くという力があります。

ちなみに、取消しとは、「法律上の効果を失わせ、はじめからその行為が行われなかったという状態に戻すもの」で、過去に遡ります。

撤回とは、過去に遡ることはなく、将来についてその効力を失わせること（過去の分についての効力は有効ということ）です。

(2) 公定力

たとえ違法な（違法であると解釈できる）行政行為であったとしても、国家機関（上級処分庁、裁判所）によって「無効として取り消されるまでは、有効」として、行政行為の相手方や第三者、他の国家機関に対して効力をもつ力のことです。

(3) 不可変更力

一度、行政行為をした行政庁は、自らこれを取り消すことができないとする力のことです。

(4) 自力執行力（執行力）

国民（住民）が、行政行為によって命じられた義務を履行しない場合、法律を根拠に、行政庁が義務のある者に対して強制執行をすることができる力のことです。

(5) 不可争力（形式的確定力）

たとえ違法な（違法であると解釈できる）行政行為であったとしても、重大かつ明白な瑕疵があるとして無効とされない限り、法律で決められた期限内にその処分についての取消訴訟が提起されなければ、その行政行為は有効になるとする力のことです。

瑕疵（かし）とは、欠点や欠陥のことで、本来ならば、なければならない機能や条件が備わっておらず、不完全な状態ことです。

3 行政行為における行政裁量

「行政裁量」とは、行政行為を行う際に、根拠となる法令の解釈や適用について、行政庁に認められた行政が独自に判断することができるとする力量（余地）のことです。

(1) 羈束行為

行政行為の要件や効果などについては、「法律による行政」という原則からは、あらかじめ厳格に法律で規定しておくこと（拘束をかけておくこと）が必要です。

これを「羈束行為」（きそくこうい）といいます。

(2) 裁量行為

とはいえ、多様で高度な行政の活動のためには、行政行為には、あらかじめの法定ではなく行政庁の判断能力に委ねられることも必要とされるのです。これを「裁量行為」といいます。

裁量行為は、さらに、「羈束裁量（法規裁量）」と「自由裁量（便宜裁量）」とに分類されます。

行政行為
├─〈羈束行為〉
│　法律による厳格な拘束の下に行われる行為
│
└─〈裁量行為〉
　・羈束裁量（法規裁量）
　　　法律が予定する客観的な基準が存在しており、行政機関による自由な裁量は許されない。
　・自由裁量（便宜裁量）
　　　行政機関の政策的・行政的判断に委ねられており、行政機関の自由な裁量にまかされる。

4　瑕疵ある行政行為

「瑕疵ある行政行為」とは、行政行為の効力を妨げる事情（違法性や不当性）を伴った行政行為のことです。更に、「無効な行政行為」と「取り消しうべき行政行為」とに分けられます。

(1) 無効な行政行為
　瑕疵の程度が著しく、初めから、その行政行為の内容について法的効果がまったく生じない行為のことです。公定力は認められません。

(2) 取り消しうべき行政行為
　公定力が認められ、正当な権限ある行政庁や裁判所によって取消しが行われるまでは法的効果がある行為のことです。

5　行政指導

「行政指導」とは、行政機関が、行政の目的を実現するために国民（住民）に働きかけ、自発的な協力を要請する行為のことです。

行政指導に法的拘束力はありません。その意味では、たとえ行政指導に従わないとしても、強制執行や行政罰の対象とはなりません。

行政指導は、公権力の行使には当たらず、国家賠償請求の対象とはなりません。

ただし、生活保護法では、行政指導に従わないことを理由にした保護受給の打ち切りが認められていると考えられており（生活保護法27条1項、62条1項、3項）、実際には、「処分性あり」として従うべきものとして作用しています。

6 行政手続

「行政手続」とは、行政機関が行政活動をする場合の「行政上の手続き」をいいます。法的根拠として、行政手続法（1993（平成5）年法律88号）があります。

処分、行政指導、届出、命令等について行政手続法が適用され、行政手続法の目的は、これらについて、「共通する事項を定めることによって、行政運営における公正の確保と透明性〔中略〕の向上を図」ることにある、とされています。

行政手続法1条1項を引いておきましょう。

第1条 この法律は、処分、行政指導及び届出に関する手続並びに命令等を定める手続に関し、共通する事項を定めることによって、行政運営における公正の確保と透明性（行政上の意思決定について、その内容及び過程が国民にとって明らかであることをいう。第46条において同じ。）の向上を図り、もって国民の権利利益の保護に資することを目的とする。
2 〔以下略〕

(1) 処分

処分には、「申請に対する処分」と「不利益処分」があります。

①申請に対する処分

申請（法令等に基づき、行政庁の許認可、自己の利益を付与する処分を求めること）に対して、諾否（だくひ）の応答をすること。

相手方に利益を与えるという処分（行為）を、授益的行政行為といいます。

②不利益処分

行政庁が、法令に基づいて特定の者に対して直接に義務を課す、あるいは権利を制限する処分のこと。

相手方に不利益を与えるという処分（行為）を、賦課的行政行為といいます。

(2) 行政指導

行政指導とは、行政機関がその任務又は所掌事務の範囲内において、一定

の行政目的を実現するために、特定の者に対して一定の作為（すべきこと）又は不作為（してはならないこと）を求める行為のことで、処分に該当しないものをいいます。

(3) 届出
　届出は、行政庁に対して一定の事項を通知する行為で、法令により義務づけられたものです。

(4) 命令等
　命令等とは、行政機関によって制定される命令又は規則です。政令（内閣が制定するもの）、内閣府令（内閣総理大臣が制定するもの）、省令（各省大臣が制定するもの）等があります。
　命令は、法律の委任があること、あるいは法律を執行するために必要であることが条件となります。
　命令の効力は「法律よりも下位」、政令と「内閣府令」「省令」との関係では、「政令の方が優位」とされています。

行政の実務から⑭

　行政、すなわち国や地方自治体の職員は、法令に基づき適切に対応することが行動原理であることは、これまで申し上げてきました。一方で、この欄の第4章でもお示ししましたが、行政の対応が法の求める範囲を逸脱した場合、その対応（決定）は無効となります。事案によっては、賠償責任を負うこともあります。なぜ、法令に違反する対応（決定）をしてしまうのか。行政には、根拠法の解釈や適用を判断することができる「裁量権」があるからであると思います。裁量権を適正に行使するためには、信頼できる調査結果、専門家を含む多様な方々の意見聴取、過去の判例など、多面的に分析することが必要です。こうしたプロセスを踏まず、知識や経験だけで判断することは、避けなければなりません。

　そこで、前例や各地方自治体の取組を参考とした事案決定が頻繁に行われます。「前例踏襲するな」と指摘されることがあります。前例は、実務担当者がさまざまな経験を積み重ねる中で導き出した、その時点における最適な方法であると思います。時代を経ても通用することも多く、一概に前例踏襲が悪いものであるとは考えていません。しかし、法令改正など取り巻く環境が変化し、見直さなければならないにも関わらず漫然と踏襲することは、あってはならないことだと思います。私は、担当業務を実施するに当たり、自身だけでなく一緒に働く職員に対しても、自分が感じる新鮮な問題意識（違和感）を大切にするよう求めています。職員も人間です。繰り返し同じ仕事をすれば、慣れが生じ、疑う気持ちが薄くなります。人事異動や担当変更などにより、常に複数の視点でチェックを受けることが、裁量権を逸脱しない方法の一つではないかと思います。

　では、なぜ行政に裁量権が付与されているのでしょうか。私は、公務員には、憲法、地方自治法、国家公務員法・地方公務員法などによる行動規範により、求められる姿が明示されていることがあるのではないかと考えています。各法において厳しく規定されているからこそ、住民の権利義務その他の法的地位を決定することが認められているのだと思います。公務員一人ひとりが、与えられた権利と義務を十分に理解し、日々の業務に反映させることが改めて求められていると思います。

　このコーナーを通じて、さまざまな法制度の視点を踏まえ、公務員のありようを論じてきました。一方で、この欄でご紹介した内容は、私自身の実務経験から気づいた（身についた）ものが大部分であり、必ずしも全ての職員に当てはまる不変の定理ではありません。そのことを前提に、あえて私は皆さんに「公務員、とりわけ地方公務員は面白い」とお伝えしたいと思います。ここまで、キャリアを積み重ねる中では、楽しいこと、嬉しいことだけでなく、つらいこと、悲しいこともありました。その中でも、多くの上司や先輩に恵まれ、先進的な仕事に関わることができました。仕事を通じ、片居木先生や今井先生など職員以外の方と

のつながりが構築されました。また、優秀でユニークな仲間や部下に囲まれ、刺激を受けながら仕事に取り組むことができています。仕事だけでなく、趣味のジョギングや食べ歩きも大いに楽しみ、豊かな人生を送ることができています。公務員という道を選んで良かった、と心から思っています。このように充実した社会人生活を、自分だけなく多くの方に送っていただきたいとの想いで、この欄を綴ってきました。

　皆さんは、この先多くのことを学び、多くの先生や友達、更には家族とも相談しながら、自身の進路を決定していくのだろうと思います。行政福祉総論の学びを通じて、一人でも多くの方が、公務員をめざそうと思っていただければ望外の喜びです。

　ここまで、本欄をお読みいただきありがとうございました。皆さんの将来が希望に満ちたものになることを願ってやみません。

資　料

新座市自治憲章条例（制定日：平成18年9月26日）

目次
前文
第1章　総則（第1条—第4条）
第2章　市民の権利並びに市民、市議会及び市の責務（第5条—第11条）
第3章　参画及び協働（第12条—第16条）
第4章　市政運営の基本的事項
　第1節　市政運営の原則（第17条・第18条）
　第2節　行財政効率化（第19条・第20条）
第5章　雑則（第21条・第22条）
附則

　私たちのまち新座は、古くから黒目川・柳瀬川の清流と緑豊かな武蔵野の自然に恵まれ、先人が野火止用水を始め豊かな文化をはぐくんできた歴史あるまちである。

　私たちは、その貴重な自然環境や文化を引き継いでいくとともに、安全で安心な真に豊かで潤いのある地域社会を、私たち自身の手で築き、育て、将来の世代へ残していかなければならない。

　そのためには、市民が市政に主体的に参画し、市議会及び市との協働により市民自治を進めていくことが不可欠である。

　ここに、私たちは、人と人とのかかわりを大切にし、互いにあいさつし合えるような「豊かで潤いのある住みよいまち新座」を目指して、自助・共助・公助の下で、自立した地域社会を実現させるため、この条例を制定する。

第1章　総則
（目的）
第1条　この条例は、地方自治の本旨にのっとり、本市の自治について、基本理念を定め、市民の権利並びに市民、市議会及び市の責務を明らかにするとともに、市政運営の基本的事項を定めることにより、市民、市議会及び市

の協働による自治を推進し、もって人と自然の調和した「豊かで潤いのある住みよいまち新座」の実現に寄与することを目的とする。

（条例の位置付け）

第2条　この条例は、市政に関する最高規範であり、市民、市議会及び市は、この条例を尊重しなければならない。

2　市は、他の条例及び規則等の制定改廃並びに制度の整備に当たっては、この条例との整合を図らなければならない。

（定義）

第3条　この条例において、次の各号に掲げる用語の意義は、当該各号に定めるところによる。

(1)　市民　市内に在住し、在勤し、又は在学する者及び市内に事務所又は事業所を有する法人その他の団体をいう。

(2)　参画　市の政策等の立案、実施及び評価の過程に加わることをいう。

(3)　協働　それぞれの役割と責任を自覚し、相互に補完し、協力し合うことをいう。

（基本理念）

第4条　本市の自治は、この条例の目的の達成のため、次に掲げる基本理念にのっとり、推進されるものとする。

(1)　一人一人の人権が尊重され、その個性及び能力が十分に生かされること。

(2)　市民の主体的な市政への参画が保障されること。

(3)　市民、市議会及び市は、互いの立場を尊重し、協働すること。

(4)　市民、市議会及び市は、市政に関する情報を共有すること。

第2章　市民の権利並びに市民、市議会及び市の責務

（市民の権利）

第5条　市民は、市政に参画する権利を有する。

2　市民は、市政に関する情報の公開を求める権利を有する。

3　市民は、自己の情報を保護される権利を有する。

4　市民は、安全な地域社会で、安心して生活し、及び活動する権利を有する。

（市民の責務）

第6条　市民は、自らの発言と行動に責任を持ち、積極的に市政に参加し、及び協力するよう努めなければならない。ただし、市政に参加しないこと又

は協力しないことを理由にいかなる不利益も受けない。
(市議会の責務)
第7条　市民の代表である議員により組織された市議会は、市民の意思を市政に反映させるために、その把握に努めなければならない。
2　市議会は、開かれた議会運営を推進するため、市議会の活動に関して、市民に説明する責任を有するとともに、市民と情報を共有するよう努めなければならない。
(市議会議員の責務)
第8条　市議会議員は、政策提案能力及び政策審議能力を高め、誠実に職務を遂行しなければならない。
(市の責務)
第9条　市は、第4条の基本理念にのっとり、この条例の目的の達成に必要な施策を講じなければならない。
(市長の責務)
第10条　市長は、市の代表者として、公正かつ誠実に市政を執行しなければならない。
2　市長は、開かれた市政運営を行い、かつ、健全な財政運営を行わなければならない。
3　市長は、行政の各分野にまたがる問題について、総合的な調整を図らなければならない。
4　市長は、市職員を適切に指揮監督するとともに、その能力向上を図り、効率的に職務を行わせなければならない。
(市職員の責務)
第11条　市職員は、全体の奉仕者として、法令を遵守し、公正かつ誠実に、及び効率的に職務を執行しなければならない。
2　市職員は、市民の信頼にこたえ、市民が満足を得ることができるよう、知識、技術等能力の向上を図らなければならない。

第3章　参画及び協働
(参画及び協働のための環境整備)
第12条　市は、市民が市政へ参画し、及び市と協働するための環境を整備するものとする。この場合において、未成年者の参画、男女共同参画及び審議

資　料

会等における市民の登用に十分に配慮するものとする。

（パブリック・コメント制度等）

第13条　市は、市民の意見を把握し、市政に反映させるために、施策等の形成過程において、パブリック・コメント制度等を実施するものとする。

（計画の策定及び実施）

第14条　市は、福祉、教育、文化、都市計画、環境等の重要分野に係る基本構想及びこれに基づく計画を策定し、及び実施するときは、広く市民の参画を得て協働して行うものとする。

（住民投票）

第15条　市は、直接市民の意思を確認する必要がある重要事項について、住民投票を実施することができる。

2　住民投票を行うことができる者の資格その他住民投票の実施に関し必要な事項は、それぞれの事案に応じて別に条例で定める。

（コミュニティ活動等の支援）

第16条　市は、市民のコミュニティ活動及びボランティア活動を促進するために、人材の育成及び発掘、情報及び施設の提供等必要な支援を行うものとする。

第4章　市政運営の基本的事項

第1節　市政運営の原則

（説明責任）

第17条　市は、市が保有する情報は本来市民のものであるとの認識に立ち、市政に関する情報を市民に積極的に公開するとともに、市政についての説明を十分に行うものとする。

（市民の意見等の取扱い及び権利利益の保護等）

第18条　市は、市民の市政に関する意見、要望、苦情等に公正かつ迅速に対応するための措置を講じるものとする。

2　市は、市民のプライバシーその他の権利利益を保護し、及び救済するための措置を講じるものとする。

第2節　行財政効率化

（財政）

第19条　市は、事務事業の見直し、民間活力の活用等行財政効率化に努めるとともに、健全な財政運営の仕組みを確立するものとする。

2　市は、市の財政状況を毎年分かりやすく市民に公表し、市の財政についての市民の意識を高めるよう努めるものとする。

（評価）

第20条　市は、政策等の成果を明らかにし、第三者を含めてその内容を客観的に評価し、その結果を市政運営に反映させるものとする。

2　市は、前項に規定する評価の結果を分かりやすく市民に公表するものとする。

第5章　雑則

（連携及び協力）

第21条　市は、広域的又は共通する課題の解決を図るため、国及び他の地方公共団体と連携し、及び協力するものとする。

（改正）

第22条　市は、この条例を改正しようとするときは、市民の意見を適切に反映させるための措置を講じなければならない。

　　　　附　則

この条例は、平成18年11月1日から施行する。

参考文献

- 一番ヶ瀬康子編著『社会福祉と政治経済学』一粒社、1979
- 伊藤真『伊藤真の行政法入門 第2版－講義再現版』日本評論社、2015
- 片居木英人/福岡賢昌/長野典右/安達宏之『【改訂新版】日本国憲法へのとびら（2訂）－いま、主権者に求められること－』法律情報出版、2022
- 神野直彦『財政のしくみがわかる本』岩波ジュニア新書、岩波書店、2007
- 兼子仁『新 地方自治法』岩波新書、岩波書店、1999
- 河上暁弘『平和と市民自治の憲法理論』敬文堂、2012
- 北野弘久『憲法と地方財政権』勁草書房、1980
- 憲法理論研究会編『現代行財政と憲法』敬文堂、1999
- 小林直樹『憲法講義 改訂版（下）』東京大学出版会、1977
- 下山瑛二『人権と行政救済法』三省堂、1979
- 新藤宗幸『行政ってなんだろう』岩波ジュニア新書、岩波書店、1998
- 杉原泰雄『日本国憲法の地方自治－この「多重危機」のなかで考える－』自治体研究社、2014
- 地方自治制度研究会監修『地方自治小六法 令和6年版』学陽書房、2023
- 日本財政法学会編『地方財政の諸問題』学陽書房、1985
- 日本財政法学会編『社会保障と財政』龍星出版、2001
- 原野翹『行政の公共性と行政法』法律文化社、1997
- 松村亨『基礎から学ぶ 入門地方自治法』ぎょうせい、2022
- 宮本憲一編著『公共性の政治経済学』自治体研究社、1989
- 村林守『地方自治のしくみがわかる本』岩波ジュニア新書、岩波書店、2018

おわりに

『行政福祉総論・講義』－いかがでしたでしょうか。だいぶ深部・細部に踏み込んで、説明したり、論じたりした箇所もあったかと思います。

講義内容の全体を振り返ってみると、改めて、「行政福祉に求められる実践的課題とは何か」という大きな問いが浮き彫りになったと考えています。それはまた、「行政の公共性とは何か」という問題につながります。

行政の公共性について、故・室井力氏（行政法専攻・名古屋大学名誉教授）は「超市民的（国家的）特権的公共性を排して、市民的生存権的公共性を実現する作業に取り組むこと」と論ぜられました（室井力「国家の公共性と法的基準」室井・原野・福家・浜川編『現代国家の公共性分析』日本評論社,1990,14ページ）。

国家レベル、また地方自治体レベルにおける「行政」「行政福祉」も、日本国憲法の精神と内容を基調として、推進され展開されていく必要があります。その根本価値が、まさに「市民的生存権的公共性を実現すること」といえるのです。

主権者（有権者）という視点から「行政」「行政福祉」を意味づけてみると、「国民・住民が変われば、国政・地方政治が変わる」⇒「国政・地方政治が変われば、政策（法律[条例]による行政）が変わる」⇒「政策（法律[条例]による行政）が変われば、人権保障の度合いが変わる」ということになります。つまり、人権保障の度合いを変えるためには、国民・住民が変わる必要がある、ということに焦点化していくことになります。

地方自治体においても、その政策・施策として「行政と市民との協働」が、今日盛んに強調されるようになってきています。このことの重要性と必要性は、地方自治の本旨である「住民自治」と「団体自治」の原理からも、疑いのないものといえるでしょう。しかしその一方で、本文において、ジョン・アクトンの「権力は腐敗する傾向を持ち、絶対的権力は絶対的に腐敗する」という言葉を引いたように、「権力の腐敗性」の本質を洞察し、「公権力の行使としての行政」への注視と警戒を怠ってはならないということも歴史的かつ現実的な事実なのです。憲法12条の「この憲法が国民に保障する自由及び権利は、国民の不断の努力によつて、これを保持しなければならない。」という思想をしっかりと受け止め、地方自治体の中に生活する主権者（有権者）として行動していく

ことが求められています。

　私たちは一人ひとり、これまでも、そしてこれからも、その生命が尽きる（葬儀、財産・遺品整理等を含めた死後事務も含めて）まで、サービス提供・サービス利用などのそれぞれの立場から「行政福祉」に関わっていくことになります。

　この『行政福祉総論・講義』が、皆さんにとって何らかの思考のきっかけとなり、また取組への一助となったならば、幸いです。

　今回、渡邉慎氏に、各章において「行政の実務から」というコラム執筆をお願いすることができました。本書内容がより具体的で豊かになったのではないかと自負しております。改めまして、共著者となっていただきましたことに御礼を申し上げます。

　また、渡邉慎氏をご紹介いただきました、同僚で、現十文字学園女子大学副学長の今井伸教授に心より御礼を申し上げます。

　最後になりましたが、本書の完成にあたりご尽力くださいました法律情報出版の林　充氏に御礼を申し上げます。

2025年3月　春の陽光のやさしさを次第に感じられるようになった日に
　　　　　　　　　　　　共著者の一人として　片居木　英人

【著者紹介】

片居木　英人（かたいぎ　ひでと）
- 1962年　埼玉県生まれ
- 1986年　専修大学法学部卒業
- 1988年　日本大学大学院修了（政治学修士）
- 1993年　日本女子大学大学院博士課程後期（社会福祉学専攻）満期退学
- 職　歴　北海道女子大学（現：北翔大学）専任講師、静岡英和学院大学助教授を経て、現在、十文字学園女子大学教授
- 単　著　『現代社会と人権―「共生」を考えるための15講―』（法律情報出版）
- 編　著　『きらめいて子ども時代―児童福祉への第一歩』（宣協社）
　　　　　『家庭支援と人権の福祉』（大学図書出版）
- 共　著　『現代の売買春と女性―人権としての婦人保護事業をもとめて』（ドメス出版）
　　　　　『自己実現のための福祉と人権』（中央法規出版）
　　　　　『【改訂新版】日本国憲法へのとびら(2訂)―いま、主権者に求められること―』(法律情報出版)
　　　ほか多数

■第1章～第14章　本文担当■

渡邉　慎（わたなべ　まこと）
- 1975年　千葉県生まれ
- 1998年　日本大学経済学部卒業
- 2002年　練馬区役所入庁
- 職　歴　氷川台福祉園を初任地に、以降福祉部経営課・光が丘福祉事務所長等を経て、現在、福祉部生活福祉課長として勤務。十文字学園女子大学非常勤講師。
- 2015年　政策研究大学院大学修了

■第1章～第14章「行政の実務から」担当■

行政福祉総論・講義

令和7年4月1日　初版1刷発行

著　者　片居木　英人／渡邉　慎

発行者　林　充

発行所　法律情報出版株式会社　〒227-0063　横浜市青葉区榎が丘26-7　トミーハイツ青葉台105
　　　　TEL（045）532-8281　FAX（045）532-8285

©Hideto Kataigi, Makoto Watanabe 2025　Printed in Japan
ISBN978-4-939156-49-6 C1032　定価はカバー等に表示してあります。
乱丁本、落丁本がございましたなら小社宛にご連絡ください。送料小社負担にてお取り替えいたします。

― ご意見、ご感想などお寄せください ―

FAX（045）532-8285　　E-mail:office@legal-info.co.jp

最新情報は、https://www.legal-info.co.jp をご覧ください。